恐怖実話

北怪道

服

竹書房文庫

※本書に登場する人物名は、様々な事情を考慮してすべて仮名にしてあります。また、作中に登場する体験者の記憶と体験当時の世相を鑑み、極力当時の様相を再現するよう心がけています。現代においては若干耳慣れない言葉・表記が登場する場合がありますが、これらは差別・侮蔑を意図する考えに基づくものではありません。

まえがき

初めまして、服部義史と申します。

この度、御縁がありまして、北海道限定の怪談を書かせて頂きました。

丁度今年が北海道命名から一五〇周年の節目となっております。

先人が生きた証しが記されているお話もありますので、そちらの方にも思いを馳せてみてください。


広い広い北海道。

数多くの心霊スポット。

その一部ではありますが、御紹介させて頂きます。

貴方にとっての身近な場所はありますか？

観光で訪れた場所がありますか？

それではどうぞお楽しみくださいませ。

目次

1 1 1 1 1 1 1 1 1 1 2

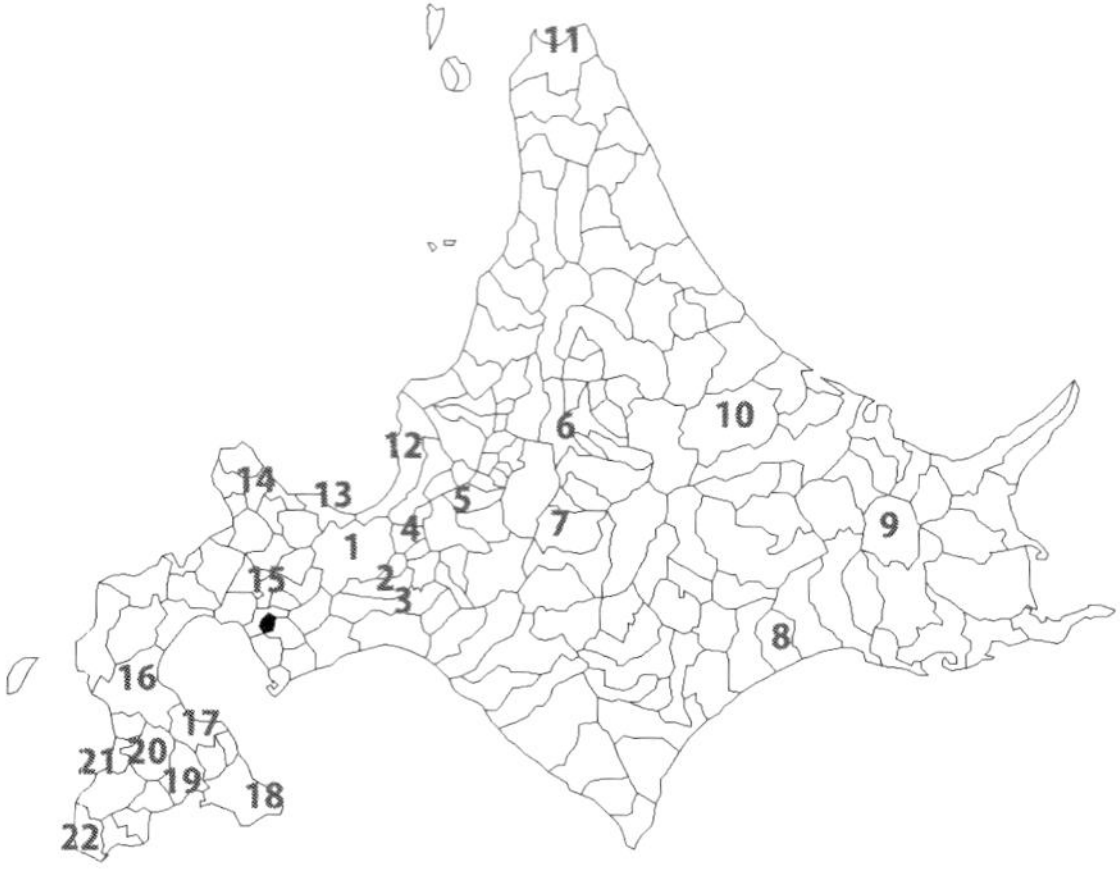

M南公園の花魁淵《おいらんぶち》

S幌のM区にこの公園はある。

その中に花魁淵と呼ばれる場所があり、水難事故や身元不明遺体が上がったことでも知られている。

実際に花魁が身を投げた場所という訳ではないらしいのだが、花魁のように着飾った女性が世を儚《はかな》んで命を絶ったという伝説が残っている。

また公園のトイレにも自殺者が出ており、公園全体が独特の空気を醸し出している。


とある夏の日、安藤さんは花魁淵にいた。

近くでは家族連れが楽しそうにしている。

皆、涼を求めてきているのだろう。

水量の少ない場所で、足を水に浸けている人も多く見られた。

（いい天気だな……）

安藤さんは岩場で寝転ぶ、うとうととして浅い眠りに落ちた。

ふと目を覚ますと、周囲に人がいなくなっていた。

まだ日は高い。

家族が帰るには早い時間と思えた。

まあ、こんな日もあるさ――とは思ったが、ほどなく違和感に気付く。

周りの音が聞こえないのである。

川のせせらぎ、風の音、鳥の鳴き声まで、一切聞こえない。

一人取り残されたような気になり、思わず立ち上がった。

見える範囲に人の気配はない。

が、視界の隅に公園の自然色とは異なるものが飛び込む。

恐る恐る渓流を覗き込むと、水死体が仰向けに浮かんでいた。

「ひっ……」

安藤さんはその場で腰を抜かした。

(そうか、この所為でみんないなくなったんだ)

恐らく、警察も到着するのだろうが、事情聴取などは面倒くさい。

ましてや、死体のすぐ近くでその状況を待ち続けるなどということは、途轍もなく気持ちが悪い。

ここは皆に倣って避難するのが良いだろう。
そういう結論に達し、その場から離れることにした。
一歩、二歩、三歩……、足を進める度に自分の異変に気付く。
自分の身体の動きがどんどんスローモーションになっていくのだ。
それに伴い、思考までもが緩慢になる。
(あれ、何で……、こん……なう……ご……き……に)
思考の停止と同時に意識が薄れた。
暗闇の渦に飲み込まれたように、安藤さんの記憶はそこでプツンと途絶えた。

ゆっくりと意識が浮上し、視界が少しずつ明るくなってきた。
しかし周囲は薄暗い。
どれほどの時間が経過したのか分からない。
混乱する眼前に浮かぶ、人の足。
(足……!?)
足から視線を徐々に上へ向けていく。
スーツを着ていることが分かる。

直立する姿勢、伸び切った腕、異常に長い首。こちらを見下ろしているような、それでいてどこを見ているわけでもない瞳は虚ろに宙を漂う。

反射的に身体が後退り、後頭部をコンクリートの壁にしこたまぶつける。

激痛とともに、自分が大便器の上にいることに気付いた。

「あ、ああー、あああぁあーーーー!!」

悲鳴を上げながら縊死体《いし》を押しのけ、走り出す。

そこからの記憶が曖昧になるが、いつの間にかハンドルを握り、車を走らせていた。


少し落ち着きを取り戻した頃には、自宅のリビングにいた。

出掛けたときの格好のままで、失禁もしたようでズボンが濡れていた。

時計の針は十九時を指している。

テレビを点け、ニュースを流しているチャンネルを探す。

今日見た、あの二つの死体はどうなったのだろう?

縊死体についてはぶつかってしまった。

その所為で、自分が犯人だと疑われたりしないだろうか?

ニュースでは一切報道されず、ネットを調べてもそれらしい事件事故は見つからない。

ただ、ネットでは過去の事件を拾うことができた。
水死体の衣服は、自分の見たものと同じである。
縊死体の詳細は不明だが、場所はトイレであった。
二つの事件事故は同じ日に起きたものではない。
ただ妙な符号に総毛立ち、縊死体にぶつかった感覚が蘇る。

その日から安藤さんは、この公園に近付くことはなくなった。
時間の渦に飲み込まれ、二度と帰ってこられないような気がするのだという。

A別アパートの兇

S幌A別区にこのアパートは現存する。
一見、何の変哲もない建物ではあるのだが、どうにも入居者には色々な災いが起きるようだ。

大藤さんはペット可物件を探していて、ここを紹介された。
玄関の上がり框《かまち》から室内に入ろうとすると、十センチ程下がる段差がある。
床面はコンクリートにクッションフロアーを敷いてあるだけで、左手には和室。
その奥にはやはり同じ床材の洋室があった。
どうにも落ち着かない気はしたのだが、交通の便で条件に見合う物件が他にない。
やむを得ずこの物件で手を打った。
一匹のチワワと一匹のハムスターとともに、新生活が始まる。
ひと月経った頃、帰宅した大藤さんは我が目を疑った。

ハムスターが死んでいたのだ。

自らお腹を掻き毟《むし》ったように血が滲み、何故か片目も飛び出していたという。

寿命であれば、まだ納得できる部分もある。

それがこの惨状では、心の落ち着きようがなかった。

とはいえ、いつまでもこのまま放置しておくのはあまりに忍びない。

丁度、このアパートの横には空き地がある。

そこへ埋めて、安らかに眠らせてあげようと思った。

園芸用のスコップなどは持っていない為、スプーンで一生懸命に地面を掘る。

浅く埋めてカラスなどに荒らされるのは可哀想と、できる限り深く掘り続けた。

既に辺りは真っ暗になっている。

ふと、取り囲まれているような視線を感じた。

夜間に怪しい行動をしている中年男性——と思われて野次馬が集まったのか、はたまた警察でも来たのかと顔を上げる。

しかし、周囲には誰もいなかった。

気の所為か。

大藤さんはハムスターをエサなどと一緒に埋葬し、手を合わせる。

癒してくれた感謝の気持ちを心から伝えていると、右肩を二回叩かれた。
反射的に振り向くが、そこには闇があるだけで誰の姿もない。
少し薄気味悪さを感じつつも、自宅へと戻った。

その夜、夢を見た。
大藤さんはある集落にいるようだ。
家のような建物があるが、藁ぶき屋根のようで若干違う。
何処かで見たことがあるような気がするが思い出せない。
そうしている内に、文様が施された着物を纏《まと》った十人以上の男に取り囲まれていた。
（アイヌだ！　アイヌの集落だ！）
そう思った瞬間に目が覚める。
何故か全身に冷や汗を掻き、恐怖を覚えていた。
別段、何かをされた訳ではない。
それなのに、恐怖心が身体に刻まれていた。
ふと気が付くと、愛犬も隣で震えている。
いつもは専用ベッドで寝ているのに、大藤さんにくっつき一点を見つめながら震え続けている。

その視線の先を幾ら見ても、異常は感じられない。

大丈夫だよと宥《なだ》めていると、三十分程でいつもの様子に戻った。

ただの夢、と思いたかったのだが、妙な符合に胸がざわついた。


朝になり、出勤しようとアパートを出たところで、大藤さんは車に撥ねられた。

反射的に躱《かわ》したお陰で、身体は右腰付近の打撲だけで済んだ。

勢い余った乗用車は歩道を乗り越え、アパート横の空き地で停車した。

怒り心頭の大藤さんが文句を言おうと乗用車に近付いたところ、運転手は何処か惚けているようだった。

現場は緩いカーブになるが、運転手の話によるとハンドルも動かず、アクセルを踏む足が離れなかったという。

普段なら、「馬鹿なことを言うな」と怒鳴り散らすところだが、言葉を失う。

警察の判断は運転操作の誤りというものであったが、大藤さんは薄ら寒いものを感じた。

その日は結局、会社を休んだ。

病院での診察を終え帰宅すると、心身ともにへとへとになっていた。

布団に倒れ込み、いつの間にか眠っていた。

……またアイヌの集落にいる。

立派な髭を蓄えた男性が歩み寄ってきて、何かを言っている。

その剣幕から怒りを伝えてきているのは分かるのだが、言葉が理解できない。

ごめんなさい、となかなか通じない謝罪を連呼している内に夢から覚めた。

気分がどんよりとする。

空気を察したのか、愛犬が慰めにきてくれた。

何故か、この子だけは守らなければ、という意識が芽生えたという。


その日から大藤さんはこの部屋で数多くの体験をした。

宙に浮かぶ生首、天井からぶら下がる男、窓一杯の巨大な顔、部屋の隅で蹲《うずくま》る少女、例を挙げ出したらキリがない。

それまで一度も霊を見たことがなかったので、最初のうちは驚いた。

しかしそれも連日数度というペースで体験し続けると、感覚が麻痺していく。

終いには（またか）という感情しか残っていなかった。

不思議なのは、アイヌ絡みと思しき霊を見たことは一度もなかったことである。

アイヌの人々に恫喝《どうかつ》されているような夢ばかりを見ていたので、何らかの関連があるのだろうと思っていたが、そうでもないようだった。

一方、愛犬は霊に怯え続ける。

大藤さんにしがみつくか、部屋の隅に隠れ、キューンキューンと鳴き続ける。

（自分が仕事のときは、どんなに怖い思いをさせてしまっているのだろう……）

愛犬の為を思い、引っ越しを考えるようになっていた。

ネットや雑誌で物件探しを続けるが、なかなか条件に合うものが見つからない。

無理をしてでも引っ越すべきか、と悩んでいた頃、玄関先で隣の入居者と会った。

大藤さんが引っ越しの挨拶をしたときは、明るい印象の女性だった。

それが今は妙にやつれている。

世間話から入り事情を探ると、同棲している男性に暴力を振るわれているという。

そういえば夜間に悲鳴のような声を聞いた覚えがあった。

都会の生活のルールというか、他者に必要以上に関わらないようにしていたことが、彼女の異変に気付けなかった要因であった。

聞けば、階下の住人も含めてここ最近で五世帯が転居していったという。

借金の取り立てでヤクザ者が来ていたとか、世帯主が急死し生活が困難になったとか、精神を病んで親元に戻ることになったとか理由は様々であるが、ほぼ同時期に一斉に人がいなくなったらしい。

どうしてそれほど事情に詳しいのかと訊ねると、この女性は大家の親戚であることが分かった。

「それよりもね……」

が、彼女は何かを言いかけた途中で、言葉を濁した。

「いいえ、何でもないの。気の所為の話だから、何でもないの」

大藤さんは、思わず自身の霊体験について口走りそうになり、ぐっと堪えた。

結局、それ以上の踏み込んだ話を聞くことはできなかった。

自分の意志でここを離れるのと、何かの不幸で出ていかざるを得ない状況になるのでは意味が違う。

自身の事故といい、何かしらの関連性があるように思える。

大藤さんは観念し、引っ越しを決めた。


その夜のこと。

大藤さんはまたアイヌの夢を見ていた。

半覚醒状態というのか、身体が寝ていることを頭では分かっている状態だった。

それ故、夢の中の自分の思考の他に、現実の自分の思考も存在していた。

やはり髭を蓄えたアイヌの男性は、酷い剣幕で怒っている。

夢の自分は理解できていないのだが、俯瞰《ふかん》状態の自分には何故か言葉が所々理解できた。

……どうやら、自分達を集落から追い出し、土地を奪ったことが許せないらしい。

あまつさえ、イオマンテ紛いのことをして、眠っていた魂までをも愚弄したという。

自分達の土地に居座る者を皆殺しにするとまで言っている。


その恐ろしさに目が覚めた。

大抵の言葉は理解できたのに、イオマンテとやらが分からない。

大藤さんは言葉を調べて、暫し考え込む。

(そうか、ハムスターだ!!)

慌てて空き地に行き、埋めたと思われるところを掘ってみるが死骸は見つからない。

目印を付けた訳でもないので、大体のところまでしか覚えていなかった。

翌日、明るい内にスコップを用意して掘り探すが、結局見つからないままであった。

「この騒動の発端は僕のような気がして……」

後日、資料を調べると、このアパート付近にアイヌ集落があったのは確認できた。

ただ夢や霊との因果関係までは分からない。

現在の大藤さんは、別のアパートで愛犬と静かに暮らしている。

H和の滝の異

S幌市T稲区の住宅街を抜けると、H和の滝に到着する。

日中は家族連れが涼を求めたり、観光客が訪れたりしているのだが、夜になると空気が一変する。

何かと自殺の噂が絶えない場所で、滝での投身自殺や、駐車場に設置されたトイレでの焼身自殺の噂が特に有名である。焼身自殺のほうはトイレの内外で少なくとも二回は起きたそうだが、現在は焦げ跡も綺麗に修繕され、噂を窺わせる痕跡は見当たらない。


倉田さんがここを訪れたのはある夏の夜。

時刻は二十三時を過ぎた頃だった。

駐車場へ車を駐めようとしたが、小さな暴走族が集会を開いている。

下手に絡まれても面倒だ——と脇の道路でライトを消し、寝たふりをしてやり過ごそうとしていた。

『コンコン』

運転席の窓が叩かれ、見ると数人の不良がにやけている。

「お兄さーん、何やってるの？」

嘘を吐いて怒らせても面倒である。

大体、こんなところに深夜訪れる理由はそれしかないであろう。

「あー、肝試しっていうか、心霊写真を撮れないかなぁ、って……」

大爆笑された後、仲間を呼ばれた。

「お兄さん、ほんとにオバケがいると思ってんの？」

「つーか、一人で来るってキモくね？」

「友達いないの？　お兄さん」

三十人弱の暴走族に言いたい放題に詰《なじ》られる。

すみません、を連呼し、早く出ていってもらおうと考えたが、そうはいかなかった。

「よーし、寂しいお兄さんの為に、オバケの撮影に付き合うぞ‼」

気がいいのか、冷やかしなのかよく分からないが、ぞろぞろと族を引き連れて歩くことになった。

「で、何で便所を撮ってるの？」

倉田さんはトイレでの焼身自殺の話を説明する。

「へー、でもうちら、しょっちゅうここに来てんけど、オバケなんて見たことねぇよ？」

デジカメで一通り撮影した後、倉田さんは画像の確認をする。

半分くらいに光球《オーブ》が写っていた。

「なになに、うちらにも見せてよ」

「すげぇ、人魂じゃん！」

一人が声を上げると、デジカメは奪い合うようにたらい回しにされた。

「兄さん、やるな!!　つーか、これを撮ったからって何になんのよ？」

誤魔化しようがない為、倉田さんは本心を話した。

テレビ局や雑誌に送り、賞金を貰うつもりでいたと。

凄いのが撮れれば、取材にも来てもらえるかもしれないことを。

暴走族はテレビに食いついた。

倉田さんのデジカメを使い、あちこちを撮影しまくる。

そして頭をぶつけ合うような形で、画像の確認をしていた。

「この人魂しか撮れねぇのかよ、女のオバケとかヤベェの来いって」

苛つきながら撮影と確認を続ける族達。

いい加減に返してほしいと倉田さんが思っていると、一瞬静かになった。

「動いてね？　何よコレ？」
彼らはデジカメを奪い合い、確認を続ける。
「微妙に近付いてね？」
何のことかさっぱり分からないので、倉田さんも確認しようと手を伸ばしたそのとき。
族は大きな悲鳴を上げて、デジカメを宙に放り出した。
アスファルトに叩きつけられ、嫌な音を出すデジカメ。
暴走族達は、我先にと自分の単車に向かって走り出していた。
——ドォウン！
突然、一台のバイクが火煙を上げて燃え上がった。
しかし暴走族は次々バイクに跨《また》がり、燃えるバイクに目もくれず走り去っていく。
倉田さんは一人その場に取り残され、暫く赤い炎を眺めていた。
漸く我に返り、大切なデジカメを拾い上げる。
壊れていないか動作確認をすると、族が撮ったと思える画像が見つかった。
中央に黒い人影のような物が写っている。
静止画であるのだが、人影だけがゆらゆらと微妙に動いているように思えた。
注目していると、少しずつ倉田さんのほうへ近付いてきている。

画面全体が黒く染まった瞬間、倉田さんは恐怖のあまりデジカメを放り出してしまった。

――カシャン。

アスファルトに転がったデジカメから、黒い人影が湧き出てくる。

ゆらゆらと動く人影はトイレの壁にもたれかかると、静かに消えてしまった。

付近には鼻腔にこびり付くような焦げた臭いが充満し、倉田さんは悲鳴を上げながらその場を立ち去った。

その場に残してきてしまったデジカメの中身が気にはなったが、回収する勇気が持てず、画像のその後の変化は不明のままである。

T稲の旅館の暗

S幌はT稲区のとある住宅街を山間部へ向かって進む。

高速道路の高架下を抜け、砂利道に入った頃右手奥側にひっそりと佇む廃墟がある。

元旅館であったこの場所には、かつて一世を風靡《ふうび》した霊能力者が訪れたこともあり、入り口に煙草のお供えを置かずに帰ると呪われる、という噂がある。


山崎さんは心霊スポットマニアである。

ある夏の日、ネットで知り合った同好の士である谷さんと、現地で待ち合わせて探検することにした。

零時を回った頃、待ち合わせ場所に谷さんが到着した。

今回は、噂のジンクス〈煙草を置いてくる〉という行為を敢えて無視して、実害が出るかどうかを確かめる実験も兼ねていた。

入り口に向かい、心許ない懐中電灯の明かりで草の生い茂ったところを進む。

――バササッ。

建物が照らし出されたのと同時に、上から何かが落ちてくる音が聞こえた。

音のほうに向かって明かりを向けるも、異常は見受けられない。

恐らく、小動物の類が木々から落下したのだろう、と判断する。

気を取り直し、前方へ進む。

建物の玄関ドアは既に外れており、内部を照らす光円はゴミが散乱した室内を浮かび上がらせる。

玄関へ足を踏み入れると、左側の壁に千本以上の煙草が整然と積み上げられていた。

荒らされた室内に比べ、ここだけはルールが守られている。

そう考えると薄ら寒いものを感じた。


本日の目的の探検を続ける。

右手奥の通路の先には浴場があった。

十畳位の広さだろうか、割れた鏡が散らばり、細かいタイルも剥げ落ちている。

ここで自殺した女性がいるという話だったので、撮影を試みるも特にこれといった異常は起きなかった。

通路を戻り、一階の奥へと進む。

どうやらここはホールか何かだったのだろう。

昭和を思わせるレトロな原色系のソファーやテーブルが薙ぎ倒されており、破れた襖や安っぽい壺も転がっている。

和洋の統一感がない空間は、独特の世界観を醸し出していた。

そして少し奥には鹿の剥製があった。

「いいこと思いついた」

谷さんは笑いながら鹿の剥製に跨がる。

そして記念撮影を求めてきた。

撮影したデジカメを確認すると、谷さんを覆い隠すように下から伸びた大きな光球が写っていた。

「やっぱ、やばいんだってここ」

尻込みする山崎さんを放置して、谷さんはあちこちを物色して回る。

「見っけ、これこれ」

谷さんは得意そうな顔で、ガラスケースに入った日本人形を持ち上げる。

この人形は某霊能力者が「馬鹿にしてもいけないし、絶対に触ってはいけない」と言った代物である。

息を飲む山崎さんを尻目に、不穏な笑みを浮かべる谷さん。

谷さんはケースから人形を取り出し、その頭を掴んで振り回し始めた。

「馬鹿、ダメだって！　それはヤバイって！」

言葉を発した瞬間、山崎さんの後ろ髪がグンと後ろへ引っ張られた。

当然、背後には誰もいない。

恐怖の余り、悲鳴を上げながら山崎さんは駆け出した。

そのまま自分の車に飛び乗り、猛スピードで発進させた。

「おい、まだ二階に行ってないって!!　おい!!」

谷さんの声など知ったことではない。それを気に留める余裕などなかった。


それから三日ほど、何事もなく過ぎた。

谷さんからは何度か着信があったが無視を決め込んでいた。

時に、現実の苦痛より精神的な苦痛のほうが怒りを募らせることがある。

このときは正にそういう状態だった。

怒りがなかなか収まらないでいると、どうしても谷さんのことを考えてしまう。

谷さんは、今までに何カ所もの心霊スポット探訪を共にしてきた仲である。

しかし、これまで谷さんはあんな暴挙に及んだことは一度もなかった。

（……ちゃんと話し合ってみるか）

連絡を取り、ファミレスで待ち合わせることにした。


「お前、大丈夫なのかよ？」

待ち合わせ場所に訪れた谷さんの顔を見て、思わず言葉が出た。

顔色が悪く、痩せこけていたのだ。

「別に何でもないって」

弱々しい言葉は、嘘を吐いているように思えた。

「それよりさ、あの旅館をちゃんと回ろうぜ。そうしないと……」

会話の途中で山崎さんは席を立った。

本能的に〈巻き込まれる〉と判断したのだ。

駐車場から車を出すと、谷さんの車が後を付いてきた。

冗談じゃない、と振り切るつもりで加速した瞬間。

——ガシャーーン！

バックミラーで確認すると、中央分離帯を飛び越えた谷さんの車は、反対車線で横転しているようだった。
逡巡したが、山崎さんの足はアクセルを強く踏み込み、そのまま立ち去った。

後日、ローカルニュースで谷さんの事故死を知った。
その日から体調が悪くなり、体重が減り続けた。
罪悪感という言葉だけではない。
全身が重い何かに押し潰され続けているような感覚が付き纏う。
医療機関では異常が見つからない。
お祓いも受けたが効果が感じられない。
山崎さんはどうしたらいいのかと途方に暮れている。

旧K別沢トンネルに潜むモノ

S幌のN区には旧K別沢トンネルがある。

現在は新トンネルが横にできている為、通行することはできない。

トンネル内での心霊体験も多数挙げられるが、近くの廃墟での霊の目撃情報も多い。

噂ではその廃墟に住んでいた住民が強盗に襲われ、逃げ延びた先のこのトンネルで絶命したというものがある。


佐藤さんが友人三人とこのトンネルを訪れたときの話。

当時まだ現役だったこのトンネルは、心霊スポットとして有名であった。

トンネルが狭いことを聞いていた為、手前の空きスペースに車を駐め、徒歩で現地に向かう。

トンネルは、確かに車同士がすれ違うのすら危険に思える狭さだった。

他に人の気配はなく、四人は内部を探索し始めた。

壁面は手掘り——という噂通りの歪《いびつ》なもので、トンネル自体も真ん中付近から微妙に曲がっていた。

途中、水の染み出た壁面が人の顔のように見えたが、笑ってやり過ごす。

四人は幽霊など信じていないし、アトラクション感覚でここを訪れていたからだ。

全長も短いトンネルである為、気が付くと出口が目の前にあった。

一度外に出て、それぞれが楽しそうに暫し感想を語り合う。

さて、戻ろうかとトンネルを振り返ったとき、皆の視線が一点に集中した。

トンネルの左隅に花が見える。

近付いて確認すると、少し枯れ始めた花束であった。

「これって……」

事故現場によく置かれている物だと認識した。

ただここしばらく、この場所で死亡事故があったという話は聞いたことがない。

トンネルの外壁にも、特に損傷したような箇所は見つからない。

「それでも花束があるってんだから、ここで誰か轢《ひ》かれて死んだってことだよな。それもつい最近……」

佐藤さんの言葉に、皆は息を飲み込んだ。

先程までの楽しげな空気が一変する。

道を戻ろうとトンネルに入るが、何故か背後が気になって仕方がない。

少し進んでは後ろを皆で振り返る。

牛歩のような進み具合で、漸くトンネルの中心部まで辿り着いた。

そこで一度、休憩とばかりに皆で大きく息を吐く。

「何か聞こえないか？」

友人の哲平が声を潜めるように言った。

しかし、他の仲間には何も聞こえない。

冗談にしては哲平の表情が真剣過ぎる。

「いいから行こう」

佐藤さんに促されて皆が歩き出した瞬間――。

『うぉおおぉぉおおお!!』

野太い男の叫び声が背後から聞こえた。

反射的に駆け出す四人。

途中、肩越しに背後を振り返ると、薄暗いトンネルの中にあって、さらに濃い闇を纏った真っ黒い人影が猛スピードで追い掛けてきていた。

悲鳴を上げながら、四人はトンネルを走り抜けた。

雄叫びを上げながら背後を付いてきていた人影は、トンネルを抜けた瞬間に霧散する。

「何だったんだよ……あれ」

「知るかよ、馬鹿」

揃って、切れた息を呼吸で調える。

ただ、この場に長くいるつもりはない。

早々に帰宅しようと車に戻った四人は絶句した。

運転席に先程見た花束があったのだ。

佐藤さんは車から花束を投げ捨て、皆を乗せると猛スピードで現場から離れた。

後日、色々と調べてみたが、トンネル事故のことは見つけられなかった。

人影の正体も不明のままだが、四人は現在も無事である。

Hヶ丘展望台の白渦

S幌のT平区にHヶ丘展望台はある。

石狩平野を一望でき、有名なクラーク像があることでも知られている。

ある冬の日、石田さんは友人のミユキさんと北海道旅行に来ていた。

旅行の最大の目的は、ススキノで北海道グルメを堪能することであり、その為、日中は近場の観光スポットであるHヶ丘展望台を訪れていた。

真っ白に染まった石狩平野は彼女達を魅了する。

雪玉を作ってぶつけ合ったり、冬の楽しさを満喫していた。

クラーク像の前で同じポーズを取り、記念撮影をする定番の観光も堪能した。

すると急に吹雪き始めた。

彼女達にとっては、吹雪すら新鮮で楽しい。

顔の冷たさや、本当に周囲が見えなくなることに歓声を上げながら、スマホで撮影を続けた。

収まる様子のない吹雪の中、急にミユキさんの声が聞こえなくなった。

「ねぇ、ミユキ？　ミユキってば⁉」

呼び掛けるが、何の返答もない。

「ちょっとー、ミユキー！」

石田さんは真っ白い世界に一人取り残されたような気分になり、不安になった。

雪の勢いは益々強まり、顔面は痛みしか感じない。

もはや、まともに目を開けていることも困難になった。

「ミユキーーーーッ‼」

目を閉じたまま、ミユキさんの名を叫んだ。


……周囲がざわついている。

目を開けると、大勢の観光客が石田さんを見ていた。

既に吹雪は止み、晴れ渡った空が広がっている。

しかし、周囲にミユキさんの姿は見えない。

付近を走り回り、必死になってミユキさんの姿を探す。

息が切れた頃、ふと携帯を思い出した。

早速呼び出すが、一向に出てくれない。

（何か怒らせることしたかな？　ホテルに戻ってるのかな？）

その場で逡巡していると、バッと雪が宙に舞った。

舞う雪は渦を作り、人一人程の大きさの竜巻となる。

唖然《あぜん》としてそれを見つめていると、やがて回転は落ち、その場にミユキさんが現れた。

「馬鹿！　何処に行ってたのよ！」

先に声を発したのはミユキさんである。

「え？　いや、何処って？」

散々探していたのは石田さんのほうである。

「トイレに行くなら行くって言ってよね、もう」

全く要領が掴めない。

消えたミユキさんが突然目の前に現れて、それなのに怒られているこの状況。

「えっ？　こんな時間じゃん。もう、石田の所為で、全然楽しめなかったじゃん」

ミユキさんに引っ張られタクシーに乗り込むと、二人はススキノへと向かった。

予約していた店の食事に、ミユキさんは大変満足しているようである。

機嫌良く食べ続けている。

その一方、石田さんは釈然としない。

Hヶ丘展望台から、会話が噛み合っていないのだ。

「なーに、石田、あたし怒り過ぎた？　ごめんてば」

「そうじゃなくて、いなくなってたのはミユキでしょ？」

「はぁ？」

ミユキさんの言い分はこうである。

Hヶ丘展望台に着くと、すぐに石田さんの姿が見えなくなった。

勝手にトイレに行ったのだろうと、トイレの前で待ち続けても一向に出てこない。

行き違いになったのか、と電話を掛けるが繋がらない。

散々探し続け、ホテルに戻るのか予約してある店に向かうのかを悩んでいたそうだ。

これで最後、と探していると、ふらっと石田さんがその姿を見せたというのである。

その時間は約二時間に及ぶという。

「ちょっと待ってよ。だって写真だって撮ったじゃない」

石田さんは自分のスマホを取り出しカメラロールから画像を探すが、Hヶ丘展望台のものは何一つ出てこなかった。

「もういいって！　分かった分かった、今日のことはなし！　明日からの旅行を楽しもう！」

ミユキさんはそう言うとジョッキの中身を飲み干した。

石田さんは未だに釈然としないままであるという。

N岡の住宅街の話

S幌市T平区のN岡での話。
現在も付近には結構な数の住民が住んでいるので、詳細な場所は伏せておく。

ある冬のこと。
大学生の藤堂さんは十四時過ぎに帰宅した。
リビングでくつろぎお茶を飲んでいると、誰かに呼び止められたような気がした。
その時間帯は家族の誰もが仕事に出ており、家には一人しかいなかった。
何とはなしに、リビングの窓を見やる。
レースのカーテン越しに見える庭には、人の気配がない。
(気の所為かぁ……)
テレビのほうに向き直ると、また名前を呼ばれたような気がした。
『真樹ちゃん……ねぇ、真樹ちゃん』
また窓を見るのだが、誰の姿もない。

テレビのボリュームを上げ、呼び掛けには無視を決め込んだ。
十八時前にパートから帰宅した母親は、玄関に荷物を置くとすぐに飛び出していった。
帰宅の挨拶もない母親というのは見たことがない。
何があったのだろう、と藤堂さんも玄関先に出る。
隣家の前には大人が数人集まり、別の場所からは怒号のような声も聞こえる。
静かな住宅街では異様とも言える光景だった。
何かしらの怖さもあるが、確かめずにはいられない。
藤堂さんは恐る恐る隣家の前にいる大人に声を掛けた。
「あのー、何があったんですか？」
「丹波の爺ちゃんが、雪に埋もれているみたいなんだって」
藤堂さんは言葉を失う。
幼少期から可愛がってくれた優しいお爺ちゃん。
最近は大学やバイトで忙しく、顔を見るのも久しい状態だった。
ごちゃまぜになった感情が溢れそうになった。
「何処？　お爺ちゃんは何処？」
指さされた場所、藤堂家と丹波家の境目に落雪の山があった。

藤堂さんの母親も男手に交じり、一心不乱にスコップで雪を掘っていた。

「お母さん、私もやる！」

皆が必死の救助作業だったが、丹波老人は息絶えた状態で見つかった。

藤堂さんはその場で泣き崩れ、母親が家に連れ帰った。


後日、しめやかな葬儀が執り行われた。

老人の二人暮らしであったことから、丹波夫人の憔悴《しょうすい》は激しく、誰もが心配になった。

藤堂さんは頻繁に顔を出して声を掛けたり、おかずを届けたりするようになる。

そこには丹波老人への償いというか、せめてもの恩返しの思いがあった。

ひと月も過ぎた頃、丹波夫人が元気を取り戻してきたように見え始めた。

少しでもお役に立てているなら、と藤堂さんは一層顔を出すようになる。


ある日のこと、おかずを届けに行った際に夕食へ誘われた。

気が紛れるなら、と了承し、一度母親にその旨を伝えに帰る。

丹波家へ招かれると、食卓の上には三人分の食事が用意されていた。

その理由はすぐに分かった。

「お婆ちゃん、最近はどう？」

「いやぁ、みーんな良くしてくれてるから助かるよ。雪掻きまでしてもらってるから、テレビ見てるだけだわー。ねぇ、お爺さん」

誰も座っていない方向を見て、にこやかに話す丹波夫人。

「そうなんだ、良かったねぇ」

話を合わせ、笑顔で返答する。

藤堂家だけではなく近所の住民は、雪掻きや屋根の雪下ろし、買い出しなども協力していた。

全ては丹波夫妻の人徳であったと言える。

食事中、見えない丹波老人に向かって何度も話し掛ける丹波夫人の様子を見ていると、藤堂さんは涙が零れそうになった。

あの日あのとき、雪下ろしをしていた丹波老人が落雪に巻き込まれたのは、藤堂さんが誰かの呼び声を聞いた頃合いだった。

もちろん、雪の中から声が届くはずはない。

ただ、テレパシーのようなものが存在するのなら、それに気付いてあげられたのなら、丹波老人は助かったのかもしれない。

藤堂さんはずっと悔やんでいた。

食事を終え、帰宅しようとすると丹波夫人から話し掛けられた。

「真樹ちゃん、明日も一緒に御飯食べよう。お爺さんもそのほうが嬉しいみたいだし、ねぇ？」

誰も座っていないテーブルに、丹波老人の姿が見えた。

にこやかに頷く姿に、堪えていた涙が一気に溢れ出た。

「うん……絶対来る！　一緒に食べよう！」

玄関まで見送られる頃には、丹波老人の姿は消えていた。

自分の罪悪感が作り出した幻影だろう。

丹波夫人は寂しさから同じものが見えているのだろう。

分かってはいる。でも、それでいいと思えた。

その日から、結構な頻度で丹波家で夕食を食べるようになった。

バイトは休みがちになり、苦情が出ていることも知っていたが、それより優先すべきことであった。

ただ、あの日以来、丹波老人の姿を見ることはなかった。

丹波夫人の話に合わせ、誰もいない場所へ笑顔を振りまく。

そんな日々がひと月ほど続いた。

『真樹ちゃん……真樹ちゃん……』

夜中に優しく呼ばれた声で目を覚ました。

ベッドの横には丹波老人が立っている。

『寒いんだ……寒くて寒くて……』

言葉は柔らかだが、身体を擦るような仕草を続ける。

「分かったよ。うん、分かったよ……」

その言葉を聞くと、安心したような表情を浮かべて丹波老人は消えた。

朝までの間、自分に何ができるのだろう、と藤堂さんは考えた。

家族が皆仕事へ行った後、藤堂さんは湯呑に熱いお茶を入れて丹波老人が亡くなった場所へ供えた。

自分のフリースも宙に広げ、優しく呼び掛ける。

「ゆっくりお茶を飲んで、身体をあっためて。お爺ちゃん、痩せてたから私のでも着られるでしょ？　一緒に家に帰ろう、ね？」

十分程その場で待ち、フリースを広げたままのその足で丹波家へ向かった。

「はいはい、あら真樹ちゃ……」

丹波夫人はその場に泣き崩れた。

ひとしきり泣き終えた後、「漸く帰ってきてくれた」とぽつりと零した。


丹波夫人の話によると、夕食時の丹波老人は穏やかな表情をしてくれる。

日中も、姿を見せてくれているときもある。

ただ、常にいてくれる訳ではない。

葬儀も行った。死んだことは理解している。

夜にふと目が覚めると、丹波老人は横にいない。

寂しくて寂しくて、自分がおかしくなっていると思い、毎晩のように泣いていたという。

「さっきね、『ただいま』って言ってくれたの……」

その言葉に、藤堂さんは言葉が詰まった。


それから三カ月も絶たずに、丹波夫人も亡くなった。

様子を窺いに来た近所の人が発見した。

亡くなるまでの間、丹波夫人は幸せそうだったという。
そして現在、丹波家は空き家である。
藤堂さんが丹波家の前を通り掛かったとき、窓に二つの人影が見えることもある。
内容は聞こえないが、声がすることもある。
(良かったね)
いつもそう思いながら通り過ぎている。

N岡公園の音

S幌市のN岡公園には旧陸軍が使用した貯水場がある。

通称、N岡水源地で、赤い屋根の取水塔が登録有形文化財にもなっている。

ここでの噂は水面から無数の手が伸びていたとか、取水塔に人影が見えるというものが多い。

少なくない自殺者がおり、また数多くの心霊写真が撮影された場所でもある。


松田さんは散策でこの公園を訪れていた。

日差しが強くなる初夏、涼を求めて水源地を回っていた。

自然を愛で、水面に疎らに浮かぶ野鳥に癒される。

持参したドリンクボトルで休憩を取りながら、何げなく取水塔を見やる。

(おっ、何かの作業をしているのか……)

取水塔の窓に人影が映る。

ぼんやり見ていたら、右手の水面から水の撥ねる音がした。

魚でも撥ねたのだろうか？

そこには波紋の広がる水面があるだけで、魚の姿などは見えない。

また取水塔に目をやると、人影が見える。

（一体、何の作業をしてるんだろうなぁ？）

そんなことを考えていたところ、また水面から音がする。

今度は複数の音が聞こえることから、大量の魚が撥ねているように思えた。

音の聞こえた先では無数の波紋がぶつかり合っているだけで、やはり魚の姿などは見えなかった。

（結構大きな音だったけど、鯉みたいなのがいるのかねぇ？）

今度の興味は水面に変わる。

じーっと眺め続けるが、特に変化は起きない。

十分程、その状態が続いた。

――バシャーン!!

大きな水音が取水塔のほうから聞こえた。

目をやると、取水塔の手前に大きな波紋が広がっている。

何が飛び込んだのだろう、と暫く眺めていたものの、一向に上がってくる気配がない。

（そうだ、あの人なら何か見たんじゃないか？）

取水塔の人影に視線を移すと、窓際に立って微動だにしていない。

声を掛けてみるべく、取水塔に近付こうとした瞬間――。

真っ黒い人影は取水塔の壁をすり抜けて水面に落下した。

大きな音とともに広がる波紋が、錯覚ではないことを物語っている。

それに伴い右手の水面からは、水を叩く音が大量に聞こえる。

反射的に見やると、真っ白い手首から先だけのモノがバシャバシャと水面を叩いていた。

その数はゆうに二十を超えていただろう。

半分抜けかけた腰に力を込め、必死でその場を後にした。


「後で気付いたんですが、取水塔の中まで見えていたんですよ。それなのに、どうして真っ黒い人影を人間だと思っていたのか……」

松田さんの散策リストから、この公園は外された。

M園アパートの騒

S幌はT平区M園のとあるアパート。

間取りは二部屋の単身向けの建物であるが、何故か201号室でだけ異変が起きる。

その昔、裏手にある別のアパートで火災があり、複数人が亡くなったという話だが、関連を裏付けるものはない。


工藤さんは多少の霊体験をこれまでにもしてきた。

霊は何処にでもいるから、何処でも遭遇するものであるというのが彼のポリシーである。

ある秋の日、彼はこのアパートに引っ越してきた。

近隣の環境も悪くないし、室内もとても明るい。

荷解きを終え、新生活が始まる。

それから何事もなくひと月程が過ぎた。


帰宅した彼が玄関ドアを開けると、一人の男性が立っていた。

ぎょっとして一歩下がるも、男は微動だにしない。

ああこれは霊なんだ、と認識し、無視して室内に入る。

夕食を食べ終わった頃には男の姿は消えていた。


別の日、そろそろ寝ようかとリモコンへ手を伸ばすと、勝手に照明が消えた。

工藤さんは霊を見たことはあるが、物理的な作用を伴う事例は一度も経験がなかった。

自分の意志と無関係な事象が勝手に起きたことに対し、酷く恐怖を覚えた。

慌てて照明を点けるが、程なく明滅を繰り返し始めた。

部屋中に人の気配が濃密になっていった瞬間、布団を頭まで被り寝たふりを決め込んだ。

いつの間にか本当に寝てしまっていたようで、気が付いたら朝になっていた。

あれからは特に何事もなかったように思える。

例の照明は消えた状態になっていた。


また別の日、夕食を終えた工藤さんはテレビを見ていた。

すると突然、ＢＤ《ブルーレイ》デッキからディスクトレーが出てきた。

リモコンには触れてないし、本体からは離れたところにいた。

慌ててトレーを仕舞うも、すぐに飛び出してくる。

終いには開閉を繰り返すようになったので、また布団に潜り込んだ。

布団越しでも分かる人の気配が数人分、感じられる。

結局、朝方になるとデッキの作動音も消え、人の気配も消えた。

テレビだけがそのままの状態で点いたままになっていた。


それから約半月後の夜、くつろいでいた彼にまた異変が起こる。

まずは照明の明滅、テレビの電源もオンオフを繰り返した。

ラックに仕舞ってあったCDも飛び出して床に落下。

ティッシュペーパーもボックスからするすると引き出され続けた。

避難するように布団に潜り込む彼。

何故かその日は人の気配がしてこない。

ただ、様々な音がしている為、色々なことが起きているであろうことだけは容易に想像できた。

時間が経つにつれ、少し冷静になった。

……ラジオが聞こえるということは、デッキが作動しているな。

テレビは点きっぱなしになったようだ。

軽い落下音はＣＤか本だな。

人の気配がしない以上、一度様子を見てみようという気になってきた。

そーっと布団を捲り、部屋の状態を窺う。

物が散乱し、酷い有様である。

静かになった室内は、物理作用が収まったことを示していた。

もう大丈夫そうだな、と布団から抜け出て片付けを始める。

本棚に散らばった本を収めた瞬間、背後から強烈な気配が湧き上がった。

その圧力に負け、彼はそのまま意識を失った。


……結局、半年も経たずに、彼は引っ越しを決めた。

早急に部屋探しをした為、新居は納得のいく物件ではなかったが、ここよりは遥かにマシである。

管理会社の担当による立ち会いの下、部屋の引き渡しの日を迎えた。

室内の確認を終え、鍵を手渡す。

「どうもありがとうございました」

玄関先で担当者に挨拶され、ふと振り返る。

——担当者の姿に覆い被さるように、部屋一杯の巨大な顔が一つあった。

その中年男性の顔は無精髭を伸ばし、大きな目玉をぎょろりと一回りさせ、工藤さんを睨み付けた。

「しっ、失礼しまぁーすっ!!」

思わず裏返った声でその場を立ち去る。

時々、あの部屋を思い出すことがあるという。

ただ、あの部屋について管理会社に確認をすることは、この先も二度とはないだろう。

ある交差点の花束

A別中央通りを真栄方面に進むと、左手に某学校が近い交差点がある。
心霊スポットと呼ばれるような場所ではないのだが、興味深い話を聞けたので、ここに記させてもらう。

石原さんは勤務先が変わり、通勤でこのルートを通るようになった。
ある交差点で信号待ちで停まっていると、花束が置かれていることに気付いた。
(ああ、横はどうやら学校っぽいもんなぁ。誰か轢かれたのかぁ)
その日はそれで終わった。

翌日、また同じ交差点で停まる。
無意識にまた花束に目をやる。
半ば枯れかけていることから、事故があったのは少し前の話なのだろう。
信号が変わり、その場を走り去った。

また翌日、同じ交差点で停まる。

花束は新しくなっていた。

遺族、または関係者に思いを馳せ、少しやるせない気持ちになる。

(他人事じゃない。安全運転、安全運転)

気を引き締め、会社へ向かった。

それから毎日、必ず同じ交差点で停まり、花束を見るようになった。

枯れかけては新しい花束に変わり、偶にジュースの缶も置かれていた。

勝手な推測だが、轢かれた子は小学生なのだろう。

横断歩道の信号が変わり走り出した瞬間、左折の車に巻き込まれるように轢かれたのだろうか、と思うようになった。


ある日の朝。

その日は強い雨が降っていた。

ワイパーを動かしても、視界が危うい。

石原さんはいつもより抑え気味のスピードで走行していた。

またいつもの交差点で停まる。

花束のほうを見やると、何も置かれていない。

区切りが付いたのか、と考えていると、歩道に小学生が立っていることに気付いた。

横断歩道を渡り始めた小学生。

すると石原さんの左側から走行してきた車が左折する。

(危ない！)

そう思った瞬間、小学生はゴム毬のように軽く飛んだ。

(バカ、やっちまった)

すぐさまシートベルトを外し、車の外に出る。

表に出た石原さんの前方には車の姿がない。

逃げやがった、と思いつつ、小学生の保護を考える。

『パァー、パパァー』

後方からクラクションを鳴らされ振り返ると、苛ついた表情の若い男がハンドルを握っていた。

事故の説明をしようと駆け寄る石原さんだったが、若い男はハンドルを切り車線を変えると、猛スピードで走り去っていってしまった。

（バカ！　子供がいるんだって！）

しかし、その後周辺を幾ら探しても、子供の姿は見つからなかった。

走り去った車が引き摺っていった可能性も考えたが、路面に僅かな血痕や遺留物も見つからない。

幾ら雨が強かろうと、つい先程の出来事だ。

何の痕跡も残らない、ということはないだろう。

ずぶ濡れになった身体で石原さんは呆然とするしかなかった。


その翌日、花束はまた置かれていた。

昨日は念の為と事故のニュースを調べてみたが、この場所でそれらしい事故は起きなかったらしい。

夢でも見ていたのだろうか……。

そう思いながら交差点を後にする。

前回の雨の日から、ほぼ一カ月後のこと。

その日も強い雨が降っていた。

また交差点で停まる。花束は見えない。
その代わりに小学生が立っている。
走ってきた車が左折して小学生を撥ねた。まるで再現フィルムを見ているようだ。
宙に撥ね飛ばされた小学生は、地面に落下した瞬間その姿を消した。
轢いた車の姿も一瞬で見えなくなった。
唖然とした石原さんだったが、歩道の人影に気付く。
傘を差す二人の男女。
花束をそっとその場に置くと、傘が揺れた。
『パパァーー!!』
後方からのクラクションで我に返ると、信号は青に変わっていた。
いつの間にか、歩道の二人の姿も見えなくなっていた。
石原さんは狐に抓まれたような気分で車を走らせる。
その日は釈然としないままで過ごした。
それからも通勤のときには、花束が置かれ続けていた。
そして、石原さんの中である考えが浮かぶ。

この日は休日であった。
しかし、石原さんはいつもの交差点に来た。
いつもある花束は今日は見つからない。
路肩に車を停め、買ってきた花束を供える。
「どうぞ安らかに眠ってください。もう、痛い思いはしなくていいんだからね」
手を合わせ、心からの祈りを捧げる。
車に戻り、何げなくバックミラーを覗いて花束を探す。
そこには小さく頭を下げた小学生がいて、置いた花束はなくなっていた。
涙が零れそうになるのを堪えながら、石原さんはその場から離れる。

それ以降、この交差点で花束を見ることも、雨の日に小学生と遭遇することもなくなった。
交差点で停まる度にあの子のことを思い出すのだが、結果的にこれで良かったのだと自分に言い聞かせているのだという。

H扇の滝を舞うモノ

E庭市から道道をS笏湖方面に進むと、この滝の鑑賞スポットに辿り着く。
付近には合わせて三つの滝があり、癒しを求めて訪れる人の数は多い。

石橋さんは滝を巡るのが趣味である。
遠出もするが、連休などが取れないときには、近場のスポットをよく訪れる。
何をするでもない。ただただ滝を眺めて、癒された頃に帰宅するのが常であった。
その日はH扇の滝を訪れた。
自分の中での絶景スポットに陣取り、ずっと眺め続けていた。
無心でただ滝を眺めていると、日々のストレスなどどうでもいいように思えてくる。
（やっぱ、滝はいいよなぁ）
しみじみとそう感じていると、落下する水の流れの中から、白い線が飛び出した。
白い線は緩やかに波打ち、宙を泳ぐ。
（ふーん）

無我の境地に近い心持ちだった石橋さんは、その姿をぼんやり見つめていた。

白い線はやがてぐるぐると旋回し、天に向かうように登りその姿を消した。

それから五分ほどすると、また滝から白い線が飛び出した。

再びそれを眺めていたが、白い線は旋回すると方向を変え、石橋さんの顔に向かって飛来した。

(お、お、おっ……)

唐突に目前に迫ってきた。

今度は反射的に顔を背けてしまう。

すぐさま振り返りその姿を追うと、また天へと消えていった。

(今の……鱗みたいなのがなかったか?)

記憶を辿り、現れてからの姿を思い出す。

立派な顎、鱗、尾鰭《おひれ》のようなもの。

手足は確認できなかったが、絵で見る龍に酷似しているように思えた。

(マジかよ……)

今度は集中して滝の流れを見つめる。

しかし、それからは一向に飛び出してこない。

三十分以上も一瞬も逃すまいと目を凝らし続けていると、流石に目が疲れてきた。

一度目を閉じ、瞼を軽く擦り続ける。

『ドブンッ‼』

そのとき、大きな何かが滝壺に落ちたような音がした。

慌てて目を開け、滝壺のほうを見やる。

そこから一直線に石橋さんの顔を目掛けて飛んでくるものがあった。

その姿をしっかり捉えようと、瞼をぐっと見開く。

（あっ……あっ……あぁあああ‼）

——それは先程までの龍ではなかった。

坊主頭の男の顔が口を大きく開け、見開いた眼球は石橋さんを見据えている。

胴体は蛇とも龍とも判断できない鱗を持ち、波打つ尾鰭は推進力を保っているように思えた。

ギリギリのところで何とか身を躱すと、それは真っすぐ天に伸び、やがて小さくなって消えた。

暫くして我に返った石橋さんは、そそくさとその場から立ち去った。

未だに彼は滝巡りを続けている。
しかしこの場所だけは、彼の滝巡り候補から除外されることとなった。

E庭公園に浮かび続けるモノ

ここは過去に首つり自殺をした者が多く、その霊を目撃したり動画撮影したという報告例も枚挙に暇がない。

また過去に遺跡が発掘されたことでも知られている。

千葉さんはある夏の深夜、一人でこの場所を訪れていた。

本当は友人を交えて肝試しをする予定だったが、幽霊を信じていることを馬鹿にされ、ドタキャンを食らったのである。

千葉さん自身に霊体験はなかったが、あからさまな言われように腹が立った。

意地でも何かを撮影してやろうと、スマホを片手に散策を始めた。

いざあちこちをうろついてみるが、霊感がある訳ではないので、ここぞという場所とタイミングが分からない。

結局、適当に景色を映しまくり、運よく映り込むことを願って歩き回った。

一時間も散策を続けると、流石に疲れてきた。

何の成果も残せないまま帰ることになるのかと諦めかけたとき、視界の先に人の足が入り込んだ。

スマホを構えながら確認すると、男性の縊死体が樹にぶら下がっていた。

一瞬、霊だと期待はしたが、これはこれで友人を黙らせることができる。

悪趣味だとは知りつつも、色んな角度から撮影を試みた。

結構な高さの枝にロープを括り付けているのか、表情が上手く入らない。

片手に持った懐中電灯で縊死体の顔を照らし出した。

その瞬間、千葉さんは飛び退き腰を抜かす。

その顔は明らかな怒りを示していた。

死体だと思っていたが、口を動かし何かをこちらに伝えようとしていた。

(生きてる!　っていうか首吊ったばかりなのか?)

「す、すみません」

慌ててその場から離れようとしたが、腰が抜けて立ち上がることができない。

千葉さんは這いつくばりながら必死で逃げ出していた。

途中、結構離れただろうと振り返る。

しかし、千葉さんの視界に入ってきたのは先程と変わらず、奇妙な果実さながらにぶら下がっている男の身体である。

そこで漸く冷静な思考を取り戻す。

(これは通報するべきなのだろうか)

警察に連絡をしても、こんな時間にうろついている時点で不審者扱いされるのは間違いない。

現時点で息絶えているかもしれないが、仮に生きていたとしたら何かの罪に問われないのだろうか。

千葉さんはその場で考え込んだ。

漸く出した結論は、何も見なかったということ。

明日には発見されるだろうし、あの怒りの表情は邪魔をするなということに違いない。

千葉さんはまた這いつくばりながら、車へと移動を始めた。

少しすると眼前に浮かぶ両足が目に入った。

恐る恐る視線を上部に上げていく。

見覚えのあるズボン、見覚えのある服。

その先には先程の男の顔があった。

同じように怒りの表情を浮かべながら、口をパクパクと動かしている。

瞬時に振り返り、男がいた場所を確認する。

やはりそこにもぶら下がっている身体があった。

ではこの男は何であろう。

頭がパニックに陥り、逃げ出すことも忘れてしまった。

男の首はにゅーっと下へ垂れてくる。

身体はそのままの状態で、ぶら下がっているのに口を動かしながら顔がどんどんと近付いてきた。

千葉さんの顔と男の顔がぶつかりそうになった瞬間、『馬鹿にしてんじゃねぇよ』という声が小さく聞こえた。

そしてそのまま記憶が飛んだ。


我に返ったとき、千葉さんはハンドルを握り車を走らせていた。

方向的に家に向かっていたようである。

家に着いても暫くは落ち着きを取り戻せなかった。

何度もあの顔が思い出され、男の声がリフレインした。

会社も三日程休むはめになった。

ひと月ほど経った頃、千葉さんの脳内では夢を見たんだということで折り合いを付けていた。

しかしそうなると、撮影した動画が酷く気になり始める。

意を決し、動画を再生してみた。

そこには夜間の公園が映るだけで、縊死体のようなものは一切映っていない。

撮影時間が終わろうとしたとき、画像が大きく歪《ゆが》み変形した男の顔が入り込んだ。

『馬鹿にしてんじゃねぇよ』

その声ははっきりと聞こえた。

すぐさま動画を削除し、何もなかったと強く自分に言い聞かせた。


しかしそれからも千葉さんの視界には男が現れるようになる。

夜間に限られるのだが、場所を問わず力の抜けた身体が宙に浮かんでいる。

首だけが千葉さんに伸びるように近付き、同じ言葉を繰り返す。

千葉さんの精神はどんどん病んでいった。

日常の生活もままならなくなり、会社も辞めた。

心配してくれる友人をも拒絶し、家に引き籠もるようになってしまった。

独り暮らしであることから食事も気分でしか取らない。

あの男が現れたときには布団を被ってやり過ごす。

そんな生活を続けた結果、体重も落ち続けた。

洗面所の鏡に映る自分の顔を見て、痩せこけた姿に笑いが止まらないときもあった。

目減りしていく貯金を考えれば不安になりそうなものだが、千葉さんにはその頭がなかった。

そしてある晩に決意をする。

「さて、行きますか……」

車を走らせ、E庭公園へ向かう。

ロープの用意はできなかったので、ビニール紐を片手に導かれるように歩を進めた。

辿り着いたのはあの男を見つけた場所。

慣れない手つきで枝に何とか紐を通す。

首を掛け、足場にした石から身体を投げ出した。

その瞬間、あの男が目の前に現れた。

宙に浮いたまま嫌らしい笑みを浮かべている。

悶絶しながらも千葉さんも笑い返す。

首が締まり声を出せないが、心の中で〈ざまあみろ〉と言い続けた。

そして意識が途絶えた。


次に気付いたとき、千葉さんは猛烈に咳き込んでいた。

ビニール紐はその場から消えており、身体は地面に倒れていた。

喉が焼けるように熱く痛む。

暫くの間その場で苦しみ、徐々に落ち着きを取り戻していった。

自分の取った行動は記憶にある。

ただ、どうしてそのようなことをしでかしたのかは自分でも理解ができない。

死を選んだ恐怖と、一矢報いてやったという満足感が綯《な》い交ぜになった感情が残っていた。


その日からあの男が現れなくなった訳ではない。

頻度は減ったが、姿を見せ続けている。

ただ、あの言葉だけは言わなくなっていた。

いや、言わせないというのが正しいのかもしれない。

男が姿を見せた瞬間に、千葉さんのほうが先に言葉を発するのだ。

「馬鹿にすんなよ。ざまあみやがれ！」

千葉さんも徐々に体調が戻り、体重も増え始めている。

ただ、友人達からは距離を置かれるようになった。

千葉さんに自覚はないが、性格が変わってしまったと言われているらしい。

「まあ、別に構わないって話ですよ」

現在、就職活動を続けているが、どうにも面接を通過することができないでいる。

S笏湖の廃墟

S幌から近い観光地としても知られるS笏湖。

雄大な自然と穏やかな湖面は見る者を癒してくれる。

そのS笏湖に向かう道中、草木に囲まれた場所を進むと一軒の廃墟がある。

かつては宿泊施設として利用されていた建物なのだが、数多くの心霊体験が報告されている。


宮木さんはこの廃墟の噂を聞いていたのだが、詳細な住所は分からなかった。

助手席に友人のマサトを乗せて、ドライブがてらに探してみようと出掛ける。

時刻は二十三時を回った頃、S笏湖へ続く山道を走行していた。

マサトは助手席の窓からじーっと外を見つめ続けていた。

「なあ、全然それらしい建物が見えないんだけど」

「いいから黙って見てろって」

あるカーブを過ぎたとき、道路の端に駐まっている一台の車を見つけた。

「ここじゃねぇか？」

しかし、その場所からは廃墟らしきものは見えない。

その車の前方へ同じように停車させ、辺りを窺う。

こんな時間に山道で車を駐めて何処に行くというのか。

そう考えると、廃墟への道はここしかないと確信した。

懐中電灯を手に藪を漕いで、獣道とすら言えないような場所を五分ほど進むと、少し開けたところに辿り着いた。

その先に廃墟はあった。

先程の道路からは低い場所になる為、草木が邪魔をして外観が見えなかったのだろう。

廃墟の前に辿り着くと、中では小さな明かりが動き回っていた。

やはり先程の車は心霊スポットに来た先客のものであった。

早速、廃墟をバックにして、二人で自撮りをする。

「おい、何か写ってるか？」

画像を拡大させながら霊の痕跡を探してみた。

玄関付近で光る明かりは懐中電灯と思える。

それ以外には、宮木さんのすぐ横にもっと白っぽい光源が一つ。

そして二階の窓には真っ白い手形が映っていた。
画像と建物を見比べてみると、写っている手形はとんでもなく大きいものになる。
「やっぱここはやばそうだな」
そう言いながら、二人はにやけてしまう。
本当の霊体験をすることで友人達に自慢したいという思いが強かったのだ。
意気揚々と玄関の中に入る。
中から悲鳴が聞こえたが、それは宮木さん達に対してのものだった。
先にいたのは若いカップルだった。
心霊スポットではよくある意気投合をして、建物の探索を一緒にすることになった。
「風呂場ってありました？」
カップルに案内され、浴場に進む。
噂ではここで自殺した女性がいて、必ず霊体験ができるという。
湯船であった場所に四人は集まり、懐中電灯の明かりを消した。
多少の月明かりで、ぼんやりとではあるが青白く周囲が浮かび上がる。
「何か見たり聞いたりしたら、そっちを照らすこと」
息を潜め、四人は身を寄せ合った。

『カチャン』

音に反応して懐中電灯は点けられた。

しかし、光の線は真逆の二方向を指し、どちらにも異常は見られなかった。

「もっと集中して気配を探ろう」

小声で作戦会議は行われ、また明かりは消された。


『カチャン』

ガラス片が落ちたような音がした。

即座に点灯される明かりは、また別方向を指していた。

それから三十分程の間に、五回も音が聞こえた。

どれも明かりの示す方向は別で、特に異常はなかった。

「もっと音を聞いたほうがいいんじゃない？　毎回、違うじゃん」

マサトが苛ついているのが暗闇の中でも分かる。

しかしカップルも譲らない。

自分達に聞こえた音源は間違いなくこの方向だったという。

宮木さんは三人を宥めながらも、マサトと同じことを考えていた。

そこで疑問が浮かぶ。
通常の浴場は音が反響しやすいのかもしれない。
ただ、ここは荒れ果て、ガラス窓も粉々に割られている。
先程からの音も反響のような響きは感じられない。
では何故、近くにいるのにこうも違う方向を指すのだろう。
そんなことを考えていると、また音が鳴った。
懐中電灯の光の線は初めて交わった。
照らした場所を全員で確認する。
他と同じようにガラス片が散らばっている。
ただ、二十センチ大の赤黒い円があった。
「これ……血か？」
「どうだろう？」
周囲を探してみたが、血痕のような痕跡は他にはない。
天井から染み出たものかと明かりを照らしてみるが、特に異常は見受けられなかった。
「いんじゃない、いんじゃない。色々と波長が合ってきた感じがするし」
マサトは嬉しそうに湯船に戻っていく。

しかし、カップルは気まずそうに切り出した。

「もうそろそろ、僕らは帰ろうと思うんですが……」

「えー、なんでよぉ、折角いい感じになってきたじゃん」

マサトのゴリ押しに負け、後五回音が鳴ったら終わるというルールができた。


『カチャン』

二つの懐中電灯は再び同じ方向を示す。

その場を確認すると、先程よりも若干大きめの赤黒い染みがあった。

位置関係としては、先程の染み、今の染み、少し離れて湯船、となる。

「もう帰らせてください！」

カップルの女性が泣き出してしまった。

一度、周辺は確認している。

それなのに僅かな時間で新しい染みができたとなれば、当然のことだろう。

「ダーメ、五回って約束したじゃん」

マサトは一人でテンション高く浮かれている。

二つのグループの温度差は相当なものだった。

再度湯船に戻り、息を殺す。
しかし、女性のグズりは収まることはなかった。
『カチャン』
また音に反応して懐中電灯は点いた。
どんどんと湯船に近付いていているようで、そこにも新たな染みができていた。
(あれ……?)
新しい円は、染みというにはあまりにも生乾きすぎるように見える。
宮木さんが落ちているガラス片でなぞってみると、赤く線が延びた。
「もうヤダぁーー!! 帰る、絶対帰るー!!」
女性がそう叫んだとき——。
彼らの背後、湯船の遠く先から音が近付いてきた。
『カチャ……カチャン……カチャカチャカチャカチャ』
反射的に懐中電灯で照らすが何も見えない。
しかし、音はどんどんと加速しているように思えた。
彼らの目の前まで音が近付いた瞬間、懐中電灯の明かりは一度消えた。
そしてすぐに点灯すると、目の前には見知らぬ女の顔があった。

顔の大きさは通常の三倍ほどで、縦長に伸びている。

長い髪から覗く目はあらぬ方向を捉え、口は何かを叫ぶように大きく開かれていた。

「いやぁああああ!!」

悲鳴を上げながら走り去っていくカップル。

驚きの余り一瞬出遅れたが、宮木さんとマサトも後に続くように逃げ出した。

建物の外に出た瞬間、足が縺《もつ》れてマサトが転ぶ。

放置しておく訳にもいかず、すぐに助け起こして車を目指した。


漸く車を駐めたところまで辿り着くと、カップルの車は猛スピードで走り出した。

宮木さんもすぐにエンジンを掛けようとするが、何故かうんともすんとも言わない。

「馬鹿、早く出せって！　やべぇって！」

「うるさい、やってるっての」

逸る気持ちを無視するように車は動かない。

マサトはきょろきょろと周囲を警戒しつつ、宮木さんを急かし続けた。

——ボォオオオン！

宮木さんの車の横を、立て続けに三台の改造車が走り抜けた。

峠を攻めにきていた走り屋だろう。
爆音を響かせながら遠ざかっていく。
すると突然、宮木さんの車のエンジンが掛かった。
急いでその場から車を発進させる。
安堵しながら峠道を進む。
一つ目のカーブを曲がり、短い直線ではアクセルを強く踏む。
二つ目のカーブに差し掛かろうというとき、ハザードランプの明かりが見えた。
先程の走り屋の車だとはすぐに分かった。
誰でもいいから縋りたいという思いで、車を停車させ彼らの元へ駆け寄った。
「大丈夫そうかよ？」
「あー、血は流れてないし、息もしてるわ」
何やら声を掛け合っている。
宮木さんとマサトが見た光景は、路肩に転落した一台の車だった。
記憶にあるあのカップルの車だ。
走り屋達は救助しようと車から降りていたのだ。
「ん？　何？　あんたらのツレ？」

「いえ……。あの……大丈夫なんですか？」

「あー、死んでないみたいだし、骨折くらいはしてるかもしれないけどね。まあ今、ダチが助けを呼びに走ってるから」

安堵する一方、妙な罪悪感が湧き上がった。

マサトが無理強いをしなければ、こんなことにはならなかったかもしれない。

いたたまれなくなった二人はその場から逃げるように離れた。

家に着くまでの間、車内は終始無言だった。


当初は友人達に自慢する予定だったが、この日のことは二人だけの秘密に留めている。

廃墟前で撮影された画像も、当然消去されている。

Kの洞門の精

C歳市にKの洞門という場所がある。

かつて、樽前山《たるまえさん》の噴火で流れ出た溶岩の割れ目が侵食され、渓谷となった。

その岩肌には苔が生え、圧倒的な緑の壁は幻想的な世界を垣間見せる。

最近では、岩盤崩落の危険性から閉鎖されていることが多かったが、期間限定で開放されるようになってきている。


小田さんがここを訪れたのは、まだ閉鎖される前の話。

平日であったが、観光客の数は多かった。

駐車場から徒歩で現地へ向かう。

いざ、コースの入り口に立つと、その自然の織り成す脅威に息を飲んだ。

観光客は次々に緑の割れ目へ吸い込まれていくが、小田さんは違う。

苔をまじまじと眺め、少し離れた場所との苔の違いにも気付いたりしていた。

(いやぁ、実に素晴らしい)

持参したカメラに景色を収める。
三脚まで活用し、記念撮影も何度も繰り返した。
ふと気付くと、周囲に観光客の姿は見えなくなっていた。
全く意に介さない彼は、また苔を至近距離から撮影していた。
(んっ?)
ファインダー越しに黄緑色の苔が見える。
その死角から、もっと濃い緑色のモノがチラリと入り込んだように見えた。
眼前からカメラを外し、自分の目で苔を見やる。
特に異常はない。
またファインダー越しに覗くと、チラリチラリと何かが入り込む。
ままよ、とばかりにシャッターを切った。
画像データを確認すると、白色の球体の中に小さな緑色の人影が入り込んでいる。
ただ、人影の顔や衣服などはよく確認できない。
喩えるなら、曇りガラス越しに緑の人影を見ているような感じである。
(これは妖精とかの類だろうか?)
普段はそういうことに否定的な小田さんであったが、この状況下ではあり得ることだと思い始めていた。

暫くその場でシャッターを切り続けたものの、その後は一枚も写ってはくれなかった。

気を取り直し、先に進むことにする。

進路を奥に進めば、更に凄いモノが撮れるかもしれない、という期待もあった。

緑の岩場を潜り、少しの岩場をよじ登る。

ふと来た道を振り返ると、その光景に涙が零れた。

このとき何故か、自分はもうここに来ることはできない——という思いに囚われ、酷く寂しい気持ちになった。

この景色もファインダーに収める。

その後も道すがら、何枚も撮影を続けた。

結局、コースの最後まで辿り着いても、緑の小人の姿を捉えることはできなかった。

帰宅後、画像データをプリントアウトする。

あの岩場から撮った景色には無数の白い球が写り、そのいずれにも小人の姿は存在していた。

そして間もなく、小田さんに病気が発覚する。

長い入院生活を余儀なくされ、退院した後は両足が不自由になっていた。
あのとき感じた思いは間違いではなかった。
ただ、それも仕方がないし、ある意味どうでもいい。
小田さんの財布には今も大切に、〈あの光景の写真〉が仕舞われているのだから。

Ｃ歳の高速

平成九年九月二日の早朝、高速道路でランプ橋工事中に作業事故が起きた。
橋脚を送り出す際に台車から外れ、ずれ込むというものであった。
数人の作業員は桁に挟まれ、衝撃で橋脚から落下するものもいた。
死者も出ており、ここを通過する際に何かを感じ取る人も少なくはない。

新田さんは仕事の都合で高速をよく利用する。
その日は取引先の絡みで、早朝から高速を走っていた。
まだライトを消すには早い時間帯である。走行車両も少なく、快適に走行していた。
――ダンッ!!
車が揺れる程の音がルーフから響き、慌てて急停車する。
後続車両のことを考え、路肩に車両を移動させて状況を確認する。
ルーフに凹みは見当たらない。
あれ程の衝撃であれば、何らかの痕跡は残っているはずである。

（おかしいなぁ？）
首を傾げるも、何処にも異常は見つからない。
走行車線を見ても、落下物のような物は見当たらなかった。
（うーん？）
納得できないまま、何となく上を見上げた。
近くにランプ橋があるが、そこからの落下物であれば車はひしゃげているだろう。
やはり、気の所為だったのか。
そう思った瞬間、頭上で何かが光った。
その光は真下へと一直線に落下し、路面で消えた。
今の光は何だったのだろう？
淡く弱い反射光であった。
新田さんは目を凝らし、その正体を確かめようとする。
間もなく、また弱い光が現れた。
目を凝らし集中する。
——それは作業着を着た人だった。
スローモーションで、もがき落ちていく。

その際に反射材は淡く光を放つ。
落下する人は地面に衝突した瞬間に、弾けるように消えた。

新田さんは唖然としながらその光景を見ていた。
頭の整理が追いつかない間に、光は何度も路面に落ちる。
作業員は何度も何度も宙に突然現れては、地面で消えるのを繰り返す。
この地獄のようなループは三十分程で漸く収まった。
(そういえば、事故があったのはこの辺だったよなぁ)
過去にニュースで見た作業事故を思い出す。
無意識に、光が消える路面に向かって手を合わせた。
一呼吸入れた後、新田さんは気持ちを切り替えて運転を再開した。

その後も、新田さんがここを通過する際に同じ衝撃を感じたことが数度ある。
それはいずれも、ほぼ同時刻であった。
しかし、二回目以降は停車させたり、確認に降りたりはしていない。
これが彼の出した答えである。

ＪＲ　Ｔ砂駅の影

ここはE別市にある小さな駅。
近郊の駅に比べると、圧倒的に自殺者が多いことで知られている。

武田さんは営業のサラリーマンである。
取引先があるため、いつもこの駅を利用している。
自殺が多いことも知っているし、目撃したことも当然ある。

ある日のこと。
所用を済ませ、移動の為に電車を待っていた。
スーツ姿の男がスッと横に立つ。
（ちゃんと列に並べよな）
そう苛ついた瞬間、電車が入ってきた。
呼応するように、横の男は線路に身体を投げ出す。
（バカ、やっちまった）

思わず顔を背け、周囲の音に耳を澄ます。
「あのー、乗ってくださいよ」
背後から声を掛けられた。
怪訝《けげん》そうな顔で武田さんを見る青年。
「いや！　今！」
面倒くさそうに武田さんを追い越し、乗客はどんどん電車に乗り込んでいく。
(見てないのか？　今飛び込んだだろ！)
状況を理解できず、動転した。
「えー、ドアが閉まりまーす」
アナウンスで我に返り、扉が閉じる前に慌てて電車へ飛び乗った。
座席に腰を下ろし、項垂《うなだ》れるようにして大きく息を吐く。
夢でも見たのだろうか？
自問するが、答えなど出ない。
ふっと視線を戻すと、視界の右隅に見覚えのあるスーツが過ぎった。
一瞬のことではあったが、男の顔を覚えている。
(さっき飛び込んだ男!!)

動揺する武田さんを尻目に、その男は真っすぐ前を向いている。
（生きている……よな？）
無表情ではあるが、生者と変わらぬ色を宿している。
（じゃあ、やっぱり錯覚だったんだな）
そうこう考えている内に、降りる駅に電車が停まる。
武田さんが立つと、横の男も立ち上がった。
後に続くように一緒に電車を降りる。
男は何処までも武田さんの後を付いてくる。
「ちょっとあんた、何の用ですか？」
男は無表情なまま武田さんの顔を見続ける。
苛つき、肩を突き飛ばそうとした手が、男の身体をすり抜けた。
（へっ⁉）
そこで男がこの世の者ではないと漸く気付いた。
霊が取り憑くとは聞いたことがあるが、それはこんな状況だろうか？
何かが違うような気がする。
思案した武田さんは無視することにした。

しかし無視をしていても、ずっと後を付けられているとなると流石に疲れる。
とはいえ、会社の同僚に相談しようものなら、頭の心配をされるだろう。
結局、その日の仕事を終え、終業時間になった。
やはり男は付いてきて、自宅まで一緒に帰るはめになった。
唯一の安らげる時間が男の所為で台無しである。
能面のような無表情は気持ちが悪過ぎた。
食事を済ませ、早々に床に就くことにする。
布団に潜り、さり気なく横を見た。
先程まで、武田さんの体勢に倣うように、右横側で寝る姿勢を取っていたはずである。
その姿が見えない。
喜びの余り、上半身を起こすと、床面から男の顔が浮かんできた。
武田さんが身体を横にすると、男の顔も床に沈んだ。
意味が分からない。気持ち悪さに拍車が掛かっている。
武田さんは男に背を向け、寝ることにした。
それから二、三十分経った頃だろうか。
ウトウトしかけると、階下から女性の悲鳴が聞こえた。

その声に驚き、飛び起きる。

ふと横を見るが、床に男の顔はない。

完全に立ち上がるが、何処にも男の姿を見ることはなかった。

（どうやら沈んだのか……）

何となく状況から、そう思えた。


それから三日程は平穏な日々を過ごせた。

しかし仕事上、Ｔ砂駅に行く必要性が出てくる。

気にし過ぎなのかもしれないが、駅に電車が着いた瞬間から変に緊張をしてしまっていた。

ところが何事もなく構内を通り過ぎ、取引先に向かった。

仕事を終え、またＴ砂駅へ戻ってきた武田さん。

周囲にあの男はいない。

やはり、あの日だけの問題だったのだろう。

そう思った瞬間、電車が駅に入ってきた。

——スッ……。

突然その場に現れ、身を放り出すスーツの男。

前回とは違い、捻れたように首をこちらに向けている。

いや、通常ではあり得ない角度である。男は真後ろを向いていた。

そして電車に撥ねられたと思った瞬間、男の身体は弾けるように消えた。


「で、想像通りですよ。ええ……」

やはり男は武田さんの後を付いてきた。

首を真後ろに向けながらではあるのだが……。


武田さんが就寝すると、階下から悲鳴が聞こえ、男の姿が消える。

既に同じことを六度繰り返した。

現在、武田さんは担当地区の配置換えを会社に申請している。

何度体験したところで、慣れることはない。

何より気になるのが、回数を重ねる毎に男の身体は変化していく点だ。

腕が千切れ、足が歪に曲がる。

最終型を見る前に、申請が受理されることを願っている。

E別の古民家

E別のとある道から少し外れると、ぽつりと建っている家がある。

打ち捨てられたような建物は、マニアの間では心霊スポットとして噂され始めている。


津高さんは結構な数の心霊スポット巡りをしてきた。

有名どころは大体押さえており、穴場を探して日々ネットで交流を深めていた。

ある日のこと、新しいスポットが見つかったという知らせが入る。

ネット仲間から詳細な住所を聞き、翌日の二十四時に現地で待ち合わせる約束をした。


その日、津高さんは張り切り過ぎて、古民家の前に二十三時頃には到着してしまった。

幾ら何でも早過ぎたと思いながらも、外観を懐中電灯で照らして様子を窺う。

磨りガラス越しに、色々と物が置かれているのが分かる。

こういうパターンは生活感を残したまま、ある日いなくなったケースであり、心霊マニアとしては堪らない物件と言えた。

津高さんは仲間が集まるのを待ち侘びて煙草を吹かす。

しかし、二十四時を過ぎても、一向に仲間は集まらない。

ラインで連絡を取るも、既読が付かない。

通話を試すが、一切の反応がなかった。

「ったくよぉー、これだから信用ならないんだよ」

既に探検モードに入っている津高さんに、後日という言葉はない。

たった一人で中に入ることにした。


玄関の引き戸は、外からつっかえ棒をしているだけなので簡単に開いた。

まずはここから中の様子を窺う。

土間が広く、左側が台所のようだった。

目の前は居間のようで、茶箪笥や卓袱台がそのまま残されている。

食器や新聞紙も卓袱台の上に放置されたままで、住人は本当に突然消えたように思われた。

こういう状態を荒らすのはマニアのポリシーに反する。

なるべくそのままにしておき、津高さんは廃墟の定番である仏壇を探し始めた。

居間から続く渡り廊下の一番奥が仏間であった。

中に入ると、他の部屋より強い黴臭さが鼻を衝く。

懐中電灯の明かりで浮かび上がる、時代を感じる遺影。

「少しだけお邪魔してますよ」

津高さんは遺影と仏壇に手を合わせる。

(ここも拙そうな感じはしないな……)

次は風呂場を探すか。と、仏間から出ようとしたそのとき――。

津高さんの後ろ髪が、グンと引っ張られた。

振り向くが当然誰もいない。

仏間から出ようとすると、今度は両肩を思いっきり引っ張られ、尻餅をつかされる羽目になった。

霊感など持ち合わせていない津高さんだが、空気が変わったのが分かる。

全方位から睨まれているような視線も感じ始めた。

(ヤバイか……。どうする?)

幾ら考えようとも、答えなど出ない。

結局、勢いよく突破するしかないという結論に落ち着く。

（三……二……一……）

駆け出した津高さんの足元に何かが絡む。

足元がその場に固定されたようになり、勢いよく前のめりに倒れ、顔面を強打する。

鼻が熱くて痛い。

鼻血も出ているのだろうが、そんなことに構っていられる状況ではない。

津高さんの足を押さえつけたのは、畳から生えた腕であった。

異常な光景ではあるのだが、恐怖などは感じない。

ここから無事に逃げ延びる為、と頭は冷静に冴えていく。

試しにと念仏を唱えてみた。

足を掴んでいる力が増し、すぐに効果がないことが分かった。

（物理的攻撃はどうだ？）

力任せに掴んでいる腕を殴ってみるが素通りし、自らの足を叩くだけであった。

（考えろ！　考えろ！）

今まで津高さんはやったことはないが、遺影か仏壇にダメージを与えることができれば、この状況から解放されるのではないかと考えた。

しかし、荒らされていない仏間である。

手の届く範囲に投げられるようなものは何も落ちていない。

唯一持っているのは懐中電灯。

しかし、これを投げて何の効果もなければ完全に終わってしまう。

(詰んでるなぁ……)

必死に隠していたが、諦めの感情が出てきた。

これまでに数々のスポット巡りをしてきても、一度も心霊体験などしたことがない。

まさか最初の心霊体験で自分の人生が終わってしまうとは露程も思っていなかった。

(終わる……本当にそうか？)

自問自答を続けるうち、現状が最悪ではないことに気付いた。

確かに今も足は掴まれている。

しかし、それ以上のことは何も起きてはいない。

もしかしたら、我慢をしていればやり過ごせるんじゃないだろうか、という希望が出てきた。

すぐさま感情と意識を押し殺す。

静かな室内に同化するように、津高さんの心は穏やかになっていった。

足を掴まれている感覚も薄れていく。

（もう少しこのままで……）
ふとそんなことを思うと、室内が明るくなった。
窓から光が差し込み、日中であることが窺えた。
（あれ？　気を失っていた？）
足を掴んでいた腕もなくなり、晴れやかな気持ちになる。
……帰ろう。
仏間の襖を開けると、真っ暗な世界が広がっている。
慌てて振り向くと、仏間の窓は光り輝いていた。
何故か仏間の襖を隔てて、昼と夜が存在していたのである。
（どうする？　どっちが正解だ？）
津高さんの頭はパニックに陥る。
感覚的には仏間のほうが安全に思える。
ただ、逃げ出すなら今しかないようにも考えられた。
逡巡した津高さんは結論を出す。
懐中電灯を片手に渡り廊下を駆け出した。
居間を通り過ぎようとしたとき、突然全身が金縛りのように動かなくなった。

津高さんの真横から威圧するような気配を感じる。
無視する訳にはいかない。
いや、無視しては危険だと思える。
力を込めると少しだけ動いた首と眼球を動かし、その正体を掴もうとした。
――卓袱台に向かって座る老人がいた。
感情は窺えないが、穏やかな表情をしている。
甚兵衛に似た和装で、正座している。その佇まいのままぴくりとも動かない。
(やばい、やばい、やばい、やばい)
津高さんの本能がざわつく。
逃げなければ命が危ないと教えてくる。
老人は静かに津高さんのほうを見る。
目と目が合った瞬間、意識が飛びそうになった。
何とか堪えると、頭の中に老人の声が響き渡る。
『ゆ……るさん……ゆる……さん……許さん……』
身体は微塵も動かず、声を出すこともできない。
津高さんは心の中で謝罪を繰り返す。

すると一瞬だけ金縛りが緩んだ。
反射的に逃げ出すと、背後から強い力で押さえつけられた。
廊下に突っ伏した津高さんを押さえつけているのは老人ではない。
その姿は闇に包まれてよくは見えない。
必死にもがく津高さんの姿を見ていた老人が、スクッと立ち上がる。
静かに歩み寄ると、冷めた目で津高さんを見下ろした。
怒りを含んだ侮蔑《ぶべつ》の感情が津高さんに伝わる。
(ごめんなさい、ごめんなさい……)
祈りも虚しく、老人は右手人差し指を伸ばし、津高さんの額に触れた――。

――津高さんは車を走らせていた。
運転していることは分かるが、自分の意志はそこにはなかった。
どんどん加速し、ハンドルが揺れているのが分かる。
その勢いのまま電柱に衝突し、記憶が途絶えた。

内臓も損傷する大事故であった。

一時は心肺停止に陥っていたそうで、命を取り留めたのは奇跡だったようだ。
長い入院生活を終え、社会復帰するも、右足は多少不自由になった。

それから心霊スポット巡りは止めた。
ネットの交流も絶った。
現在は、日常の有り難みを痛感しているという。

N東小学校の空

道央にN東小学校という廃墟が存在する。

ここは通称、円形校舎とも呼ばれ、廃墟マニアや心霊スポット愛好家にはよく知られている場所である。

謂われとしては、過去に授業中の小学生が突然消えたとか、スポット探検に訪れた者が発狂し、そのまま失踪したというのが有名であるが、真偽の程は定かではない。


渡辺さんは廃墟マニアで、この場所にずっと興味があった。

色々と調べ上げ、季節の穏やかな春先にここを訪れた。

近くに車を駐め、徒歩でN東小学校へ向かう。

地面は噂通りの泥濘《ぬかるみ》で、用意していた長靴が大変役に立った。

古びた小さな橋を越えると、右手に茶色の鉄骨の塊が現れた。

ここは元体育館だったと聞く。

木造が多い時代に太い鉄骨で組まれた骨組みを見ると、鉱山町としてかなり栄えていたことが窺える。

渡辺さんは愛用の一眼で、構図を変えながら何十枚も撮影した。

さて、本命の校舎を目指そうと気を取り直すと、足元の草に目を奪われる。

一本の雑草がくるくると円状に揺れているのだ。

肌で感じるような風は吹いてはいない。

実際、他の周囲の草木も揺れてはいない。

手で触って一度動きを止めても、またすぐにくるくると回り出す。

（円形校舎で円状に揺れるってか……）

微妙な風の影響なのだろうと思いつつも、少し嬉しくなってその雑草も一眼に収めた。


先へ進むと円形校舎が見えてきた。

完全な円形ではない。

ただ、上空から見ると円形に見えるその造りは、当時は画期的なものだったのであろう。

窓ガラスは全てなくなり、一部の窓枠の鉄骨は拉《ひしゃ》げてしまっていた。

湿地帯とは聞いていたが、校舎の周囲はある程度水没している。

この幻想的な風景に渡辺さんの血は騒ぐ。

あちこちの角度から、シャッターを切りまくる。

十分な量をフィルムに収めると、中の探訪へ入ることにした。

一階部分は水没し、歩き回るのは危険に思えた。

水量はさほどではないようだが、溜まっている泥の下に何が隠れているのか分からない。

廃墟マニアの鉄則として、現場を荒らさない、危険なことは避けるというのがある。

上階へのルートを探し、慎重に前へ進んだ。

そして漸く、最終目的地に辿り着いた。

——螺旋階段の終点。

その上部には採光の為の天窓がある。

円形の窓が幾つも並び、そこから差し込む光が輝いて見えた。

薄暗い校舎内は柔らかい光に包まれる。

まるで星を鏤《ちりば》めたような造形美に、当時の施工者のセンスが感じられた。

暫し肉眼で堪能した後、フィルムに収めまくる。

持ち込んだ二十本のフィルムは全て使い切った。

これで渡辺さんの旅は終了した。

後日、自宅に作った暗室で、現像作業に掛かる。

大体の写真は、見事にその風景を捉えていた。

ただ……揺れる雑草の写真。

その何れにも、茎を指で抓んでいる白い右手が写っていた。

そして天窓の写真――。

――小学生位の幼い女の子がこちらに手を伸ばすように写り込んでいた。

天窓から上半身だけを生やし、悲しそうな――或いは苦しそうな表情で両手を伸ばしていたのだ。


渡辺さんは霊には興味がない。

根っからの廃墟マニアである為、恐怖を覚えることはない。

きちんとした映像を残す。

それだけの為に、あちこちへ出向いているのだ。

渡辺さんはまた予定を組み、円形校舎を訪れるという。

ただそのときには、小さな花束を持っていくそうだ。

H志内トンネルの奇

A川で有名な神居古潭《カムイコタン》の近くに、このトンネルは存在する。

事故が多発することから注意書きの看板も数多く見られるが、依然として事故の件数は減らない。

また、奇妙な目撃情報も数多く存在する。


川口さんは仕事でこのトンネルをよく通っていた。

当然、事故が起きやすいことも知っている為、走行時は十分に注意している。

ある冬の日のこと。その日は朝から酷く冷え込んでいた。

トンネル内はブラックアイスバーンになっていることを想定して、スピードは十分に抑えていた。

トンネルに入ると間もなく、事故現場に遭遇する。

双方の車から人が降りて話し合っているようなので、大したことはないらしい。

事故車両を躱し、仕事先へと進んだ。

あともう少しでトンネルを抜けそうなところまで来たとき、急に人影が横切った。

慌ててブレーキを踏むと車はスピンし、対向車線側で漸く停まった。

ふう、と大きく息を吐いた。危うくはあったが、辛うじて事なきを得た。

このとき、先程の人影のことを思い出した。

衝撃がなかったことから、轢いてはいない。

……いや、急に人影が現れ、目の前を横断したのだ。

予め人がいたのであれば、事前に気付いていたはずだ。

記憶を辿るうち、先程まで人影だとばかり思っていた存在が、鮮明な映像で呼び起こされる。

アイヌ衣装を纏い、太めの鉢巻のような物をしていた。

紺色の衣服や鉢巻に、白い線上の文様までがはっきりと見て取れた。

ここをそんな格好で横断する者などいるはずがない。

そう思った瞬間、激しい衝撃とともに、身体はハンドルに叩きつけられた。

朦朧《もうろう》とする意識の中、必死の力で身体を起こすと視界に異様な光景が飛び込む。

窓越しに複数人のアイヌ人がこちらを覗き込んでいる。

『……グォ……カウ……ワナ……』

低い声であるが、窓越しとは思えない声量で何かを話している。

四方から聞こえるので、車を取り囲まれているのかもしれない——と思った瞬間、意識は途絶えた。

気が付いたときには病院にいた。

車は大破していたが、頸椎腰椎捻挫と肋骨二本の骨折だけで済んだ。

川口さんは退院した後も、このトンネルを通ることが多々ある。

時々、人影を見ることはあるが、反応しないようにしてやり過ごしているという。

ある池の話

F良野近郊には大自然が観光名所となっているところが多数存在する。

ある一般道から農道を抜け、山間部へ向かい車を十五分ほど走らせると、この池に辿り着く。

写真撮影を目的とした観光客は、ここを見つけ出すらしい。

そしてここでは奇妙なものを目撃したり、撮影することがあるという。


向井さんは九州から旅行に来た観光客。

趣味は写真撮影であった。

一週間掛けて、道内のあちこちを回り、雄大な風景や自然の静けさをフィルムに収めていた。

その日は近郊の主要な観光名所を撮影し、穴場を求めてレンタカーを走らせ、この地を見つけ出した。

木々に囲まれた獣道を抜けると、ぽっかりと穴が開いたように広がるスペースに出た。

そこに綺麗な水を湛えた池があった。

池に繋がる川などは見当たらない。

湧き水でできた池なのかは確認しようがないが、木漏れ日が照らす水面はキラキラと波打っていた。

早速、機材を取り出し、撮影に入る。

場所を変えながら、三十分ほども撮影しただろうか。

煙草を取り出し、一服休憩をしていた。

『キャナ、カラ、キャワナナ……』

機械の動作音のような甲高い音が、微かに周囲を包み込む。

何の音だろうと、息を潜め周囲を警戒した。

カサ、カサッ。

池の右手側の雑草が揺れると、ひょっこりと何かが顔を出した。

目が大きい子供……、いや、小人である。

体躯は二十センチを超える程度だろう。

顔の作りは人間と大差ないが、全身が異様であった。

緑色の全身タイツを纏っているように見え、光の反射の仕方から、すべすべしているように見える。

（カエル……人間？）

二本足で周囲を窺いながらちょこまか歩くと、池にトプンと飛び込んだ。

水面は波打ち、目の錯覚ではないことが分かる。

唖然とする向井さんを尻目に、またカサカサッと雑草が揺れた。

「合計で三体目撃したんですがねぇ……」

最後の一体が池に飛び込む直前、我に返り、慌ててシャッターを切った。

三体目が池に消えた後、透き通っていた水はエメラルドグリーンへ変化した。

三十分ほどしてゆっくりと色は薄まり、元の水質へ戻っていった。

向井さんの手元に残ったのは、光り輝く緑色の池の写真。

そして、池に飛び込む直前の緑色の何かの姿。

ただその写真は酷くぶれており、緑色の詳細な姿は映ってはいなかった。

準備を整え、向井さんはまたこの場所を訪れることを考えている。

U別炭鉱周辺の闇

かつては炭鉱町として栄えたU別。
現在、炭鉱跡地は国有林管理である為、一般人が許可なく立ち入ることはできない。
それでも周辺で心霊体験をした話は数多く上がる。
炭鉱病院跡地などは有名な部類に入る。

関根さんは友人二人と肝試しに向かった。
正確な場所など知らない為、ネットなどで調べた情報を元に車を走らせた。
漸く病院跡地を見つけ出した頃には日付は変わっていた。
懐中電灯を片手に廃墟へと足を進める。
建物内はコンクリートが剥き出し状態で、あちこちに所狭しと落書きが記されている。
それほど、ここを訪れた人は多いのだろう。
受付と思われる前を過ぎ、中へ進んでいく。
広間の横にある湾曲したスロープが、上階への道を示していた。

階段ではない、スロープという構造に違和感を覚えた。

時代を鑑みても異様に思えるが、事故が多い炭鉱である為、車椅子を活用するには使い勝手が良かったのだろうと勝手に納得した。

この病院廃墟には他の物件とは違い、散乱するような小物がない。

恐らく、廃院になる際に、全て持っていかれたのであろう。

崩れたコンクリート片やガラスが僅かに散らばるだけで、人気のなさは寂しさを増幅させる。

関根さん達は、無節操な落書きに癒されたという。

それがなければ、この場所には長居はできなかっただろう。

探検は続き、上階へ進むことにした。

曲面の外壁に沿うように螺旋のスロープは伸びる。

一歩一歩ゆっくりと歩くと、突然目の前が真っ白になった。

霧というにはあまりに不自然な白い壁。

思わず携帯で撮影しようとするが、シャッターが切れない。

三人の携帯は何れも不具合が起き、電源を一度落としてみたが一向に改善されることはなかった。

この霧を突っ切って先へ進むか逡巡していると、三人の携帯が一斉に鳴った。

画面を見るが、通常の待ち受け画面になっている。

着信履歴などは残っていない。

いや、現在進行形で鳴り続けているのだ。

恐怖の余り、三人はここを抜け出すことにした。

我先にと走り出し、病院の出口まであと少しのところまで辿り着いた。

「ひゃぁーああ」

気の抜けたような悲鳴をダイチ君が上げる。

関根さんは、走りながら何事かと振り向いたところ、先程の霧状の物が人魂のような球体になって追い掛けてくるのが見えた。

もうこうなると、一心不乱の極致で走り続けるしかない。

車に飛び乗り、全員が揃ったところで発進させた。

バックミラーを気にしながら関根さんはハンドルを握るが、人魂は付いてきていないようだ。

そういえば、いつの間にやら、着信も止まっている。

まだ緊張感は残っているが、漸く人心地付いたような気がした。

ぽつりぽつりと会話をし始めた。

「いつ携帯が鳴りやんだか分かるか？」

誰も覚えていなかった。

「あの人魂みたいなのが付いてきてるって、ダイチ良く気付いたよな」

沈黙が訪れる。

「……人魂って何よ。そんなのまでいたのかよ」

——関根さんは人魂だと認識していた。

一方、ダイチ君は壮年の男が雄叫びを上げながら追い掛けてきたという。

そしてマモル君は十人以上の人々に追い掛けられていたと話した。

老人から男性、女性までいたという。

顔や服装などは全然覚えていない。

ただ、年齢性別は何故か理解できていた。

関根さんは二人を送り届け、無事に家まで辿り着いた。

ひと眠りして、所用を足そうと車の前にきたところで絶句した。

愛車が泥まみれになっていたのだ。

手形や指で擦ったような線が全面に記されている。
運転時に気にならなかったフロントガラスにまで、隙間なく跡が残っていた。
気味が悪いし、このまま放置しておく訳にもいかない。
フロントガラスの汚れだけを、バケツに入れた水で洗い流す。
さて、洗車場へ向かおうとエンジンを掛けようとしたがどうした訳か掛からない。
結局、レッカーを呼んで修理工場へ入れることになった。
工場からの連絡で、また関根さんは言葉を失う。
「どうしたもんですかねぇ、いたずらにしても酷いですわー」
関根さんの車のマフラーにびっちりと泥が詰まっていたという。
それでエンジンが掛からなかったのだ。

マフラーを交換して、愛車は動くようになった。
ただ、時折調子が悪くなることがある。
そんなときは車の周囲を取り囲まれているような圧迫感を感じる。
関根さんは現在、車の買い替えを検討している。

M周湖の霧人

観光地として有名なM周湖。
霧が多いことでも知られているが、実はそれほど頻度が高い訳ではない。
霧の発生時に湖面を見下ろす展望台からの景色は実に幻想的である。

羽田夫妻は観光でこの場所を訪れた。
その日は天気も良く、深い藍の湖面が輝いて見えた。
一時間程、雑談をしながら景色を堪能する。
すると薄い霧が一瞬にして周囲を包み込んだ。
(これが噂のM周湖の霧！)
感動して湖面を見下ろすが何も見えない。
いや既に、目の前の御主人の姿さえ覚束《おぼつか》ない状態になっていた。
「じゃあ、移動するか」
御主人の声に従い、車を駐めていた方向へ歩き出す。

一瞬、完全に見失ったが、すぐさま目の前に黒い背中が現れた。
そのまま十分以上も歩き続けただろうか。
羽田さんは違和感を覚えた。
視界が悪いとはいえ、一、二分で車には到達できる距離であった。
「ちょっと、道に迷ったの？　車らしき物が一切見えないんだけど」
御主人は返事もせず、ただ前を歩く。
折角の旅行で喧嘩をするのも馬鹿らしい。
羽田さんは黙って後を付いていくことにした。
それから更に三十分は歩いただろうか。
流石に疲れてきた。
「一回休もうよ」
そう呼び掛けても、やはり返事はない。
先程の言葉で怒らせてしまったのだろうか？
捕まえて話を聞いてもらおうと、前方の背中に手を伸ばす。
――スッ。
捕まえる直前で、彼の姿は霧に掻き消された。

小走りで数歩進むと、また背中が見えた。
「もう、怒んないで話を聞いてよ」
手を伸ばすと、また彼の姿は消えた。
そんなことを数度繰り返しているうち、流石に羽田さんも頭に来た。
「いい加減にしてよ！　男らしくないわね！」
その言葉を発した瞬間、彼の姿は完全に消えた。
焦ってどの方向に走り回ろうとも、見つからない。
更に霧の深さは増していく。
困り果てた羽田さんは御主人の名前を呼びながら、その場で泣き出してしまった。
先程までは旅行を楽しんでいた。
それなのに、現在はこの有様である。
（バカ！　大嫌い！　別れてやる！）
そんなことを考えていると、霧がすーっと引いていく。
晴れた視界の先には車の姿が確認できた。
どうやら、駐車場の一番端にいたらしい。
遠く反対側から、御主人が息を切らして走ってくる。

「馬鹿、大嫌い！」

「何処行ってたんだ！」

二人の怒声が同時に響いた。

唖然とする羽田さん。

御主人はブチブチと文句を言っている。

「ちょ、ちょっと待ってよ」

羽田さんはこれまでの流れを説明した。

「はぁ？」

御主人は怪訝そうな顔をする。

彼の話によると、車に戻ることになり少し歩いたところで霧が深くなったように思えた。

手を握ろうと振り返ると、既に羽田さんの姿は消えていた。

それからずっと羽田さんを呼びながら走り続けていたという。

「どっかに落ちたのかって、心配したんだからな」

とても嘘を吐いているようには思えない。

かといって、羽田さんが嘘を吐いている訳でもない。

とりあえず移動しようということになり、車のほうへ歩き出す。

車まであと二メートルというところで、夫妻の足は止まった。

フロントガラスの先——運転席と助手席に黒い人影が座っている。

（あ……私が追い掛けていたのは、彼じゃなくてコイツだ）

人影も何かを察知したのか、ブルブルッと左右に揺れて霧散した。

（今しかない）

夫妻は車に飛び乗り、一刻を争うようにその場から立ち去った。


その晩のホテルで、御主人も羽田さんの言い分を理解してくれた。

黒い人影を見た以上、どちらも狐に抓まれた状態だったのだろう、ということで落ち着いた。

ただ、あの人影は車内で何をしていたのだろう？

何をしようとしていたのだろう？

この疑問だけは未だに解決できないままでいる。

J紋トンネルの苦

ここは北海道でもよく知られた心霊スポットである。好事家による知名度のランキングで言えば、かなりの上位にあるものだ。

一九六八年、十勝沖地震で老朽化が進んでいたトンネルは大きなダメージを受けた。

その後、一九七〇年のトンネル改修工事の最中、壁面から頭部に傷を負った状態の人骨が発見される。

その後の発掘作業で、何体もの人骨が見つかった。

結果、当時のタコ部屋労働の実態が明るみに出て、大きな問題になった。

壁面という、謂わば外界に近い場所へ死体を埋めるとは考えにくい。

よって、人柱として生き埋めにされた可能性が高いと考えられた。

せめて犠牲者の魂を弔おうと、金華駅の高台にJ紋トンネル工事殉難者追悼碑が建てられたが、未だに彷徨《さまよ》っている魂は多いようだ。

斉木さんは噂を聞きつけ、この場所に酷く興味を持った。

これまでにもあちこちのスポット巡りをしてきたが、怖い心霊写真というものを撮れたことがなかった。

ここなら長年の願いが叶いそうだ、とテンションが上がる。

色々と調べ上げ、現地に到達するルートを探し当てた。

後は仲間ということで、友人達に声を掛け続けるが、皆に揃って拒否される。

結局、とある初夏の深夜、斉木さんは一人でＪ紋トンネルの前に立っていた。

とりあえず、入り口前で一枚シャッターを切る。

デジカメの画面には、三十個を超える数の光球が写っていた。

彼はこれらを怖いとは思っていない。

むしろ、そういう画像が自分にも撮れたという喜びに満ち溢れていた。

気分良く、何枚も写していく。

時間差で撮られた画像には、彼に向かって吹き荒れる雪のように、尾を引いた光球が写り込んでいた。

よし、とばかりにトンネル内に足を踏み入れる。

列車が通行する可能性を考慮して、慎重に足を進める。

トンネル内では壁面を中心に写真を撮った。

霊が写ることを考慮しての判断である。

しかし、どの画像に写るのも光球のみであった。

トンネル内の光球は赤やオレンジ色が多かったが、斉木さんは色の違いなどには興味がない。

どんどんと足は奥へ向かっていった。

『うぅ――――ッ』

トンネル内部の風切り音が人の呻き声に聞こえる。

雰囲気的だけなら十分である。

(いい加減に写れよ!!)

そう思ってシャッターを切った。

その画像には痩せこけた男の顔が写っていた。

顎から下は背景の闇に同化しているが、紛れもない心霊写真である。

(俺が求めてるのはこういうのだって。もっともっと……)

夢中になってシャッターを切っていると、突然全身が動かなくなった。

立った状態での金縛りである。

ヤバイ、と焦りを感じるうちに、自分の腕や足が何かにしがみつかれていることに気付いた。

それは徐々に増えていき、手足どころか全身を掴まれていく。

顔も動かず、目の前で構えているデジカメの所為で、身体を掴んでいる手の確認をすることはできない。

その体勢のまま、引き摺られるように壁面へと近付いていった。

最初に足先に圧迫感が伝わる。

視界では認識できないが、壁の中に入っているような気がした。

腕、腿と違和感は順番に伝わる。

目の前からデジカメが消え、壁面が見えた瞬間、もうダメだと意識を失った。


朝日を浴び、斉木さんが目を覚ますと、地面に寝転がっていた。

服は泥にまみれ、身体も汚れていた。

そして何より驚いたのがそこが慰霊碑の前であったことだ。

トンネルからここまで瞬間移動でもしたのだろうか。

それとも無意識の中、自力でここまで辿り着いたのであろうか。

真相は謎のままである。

デジカメは見つからないままであったが、またトンネルに入って探す気にはなれなかった。

それ以降、斉木さんは一度も心霊スポット巡りを行っていない。

こりごりです——というのが彼の弁明である。

H雪の門の嘆

W内公園にこのH雪の門はある。

かつて日本領土であった樺太《からふと》で亡くなった日本人を対象とした慰霊碑となっている。

中央に立つ女性像は何とも言えない悲しみや苦しみを表しているようで、物悲しい雰囲気になる。


今井さん夫婦は観光でここを訪れた。

整備された公園から眺める景色を堪能し、H雪の門へ辿り着いた。

すると、突然涙が止まらなくなった。

隣にいた御主人もどうしたものかと動揺する。

暫く経ち、落ち着いた頃を見計らって、今井さんは口を開いた。

初めて訪れた場所なのに、懐かしい感情が溢れ出た、と。

そして何故か辛かったような思い、追いやられるような悲しさが綯い交ぜになり、涙が止まらなくなったという。

御主人に優しく慰められ、次の観光地へと向かうことにした。

ただ、今井さんは後ろ髪を引かれるような思いだったという。


夕食を済ませ、ホテルの部屋でくつろぐ夫婦。

二十三時を過ぎた頃、明日も観光がある為、そろそろ就寝することにした。

深夜、今井さんは泣きながら目を覚ます。

どうやら声を出していたようで、御主人も目を起きだしていた。

今井さんは、衝動的にあの場所へいかなければならないという思いに駆られていた。

それも今すぐに、と言うのである。

もう夜中だから、と御主人が取り成すも、一向に聞き入れない。

結局、半狂乱の状態のまま、朝を迎えることとなった。

朝になって少し落ち着いた様子の今井さんであったが、普段と何処か雰囲気が違う。

別人格がいるかのようで、声を掛けても話半分で頷くばかり。瞬間的ではあるが、途切れ途切れに意識が飛んでいるようにも思えた。

心配した御主人が病院へ行こうと勧めるが、頑として聞き入れない。

それよりもH雪の門へ連れていけ、とまた言い出した。

とうとうその日の観光スケジュールはキャンセルして、H雪の門へ向かうことになった。

道中、今井さんは助手席では転寝《うたたね》をしているようだった。

時折小声で何かをブツブツ呟いているが、ハンドルを握る御主人には聞き取ることができなかった。


市街地のある場所で突然車を停めるように指示があった。

言われるがままに車を停めると、今井さんは真っすぐに花屋へ入っていく。

少しすると、花束を抱えて戻ってきた。

「ねぇ、どうするの？　それ？」

御主人が聞いても返事がない。

また虚ろな状態になり、ブツブツと呟き始めた。

仕方がない、と車はH雪の門を目指す。

公園に辿り着くと、今井さんは花束を抱え、スタスタと一人で歩いていく。

慌てて後を追う御主人だったが、今井さんの足は異常に速い。

夫婦揃って七十代目前の年齢であるが、そのときの今井さんの足の速さは二十代を思わせるものであった。

ふうふうと息の上がる御主人が追いついたときには、今井さんはH雪の門の前で、崩れ落ちるように泣いていた。

花束は、地に伏して土下座する今井さんの前に供えられていた。

人の目もあるから、と御主人が立たせようとしても今井さんの姿勢は動かせない。

三十分程経過したとき、今井さんが正気を取り戻した。

昨日就寝してからの記憶が一切ないという。

御主人が説明してもピンと来ないらしい。

ただ、頭ではなく、感情の奥底では何かに対してホッとしたような気持ちが残っていた。

後日分かったのは、今井さんの両親はかつて樺太で生活していたこと。

既に二人とも他界している為、詳細などは分からないし、因果関係なども突き止めようがなかった。

終戦後、樺太からの公式な引き揚げの前に、密航船で脱出した人々が多くいる。

そのどさくさには多くの悲劇があったと聞くが、今井さんの両親が該当するのかどうかは定かではない。

H川防風林の住人

I狩市H川には防風林が並ぶ場所がある。

時折、防風林の横を歩く人の姿は見られるが、管理する作業員以外はまず立ち入ることはないと思える。

この中の特定の場所で、不思議な体験をした人がいる。

その事例を紹介したい。


斎藤さんは防風林近くの住宅街に住んでいる。

既に定年退職し、悠々自適の生活を送っていた。

彼は健康のことを考え、日々の日課として散歩をしている。

毎日ルートを変えて歩くことで、会社勤めのときには味わえなかった人々の暮らしぶりに新鮮味を覚える。

ある日のこと、防風林の横を歩いていた。

(ガキの頃はこういうとこで遊んでいたよなぁ)

自然と防風林の中へ踏み込む。

その日は暑い日だったので、防風林の中の空気に涼を得た。

足元には多少の雑草が生えているが、歩くのに難儀する程ではない。

ちゃんと管理が行き届いている証拠だろう。

斎藤さんは木々の間を縫うように奥へと進んでいった。

森とは違い、防風林の場合、太陽の光を失うことはない。

多少の薄暗さはあるが、周囲の様子もよく確認できた。

二十分程の散策が続いた頃、目の前に小さな池を見つけた。

(防風林の中に池?)

そこだけぽっかりと穴が開いていて、見上げると空の青さが眩しく見えた。

通常、そのような状況に置かれているのならば、枯葉や泥で水は濁っているものである。

しかし、その池の水は澄んだ薄緑色をしていた。

透き通ってはいるが底が見えないことから、結構な深さがあるように思えた。

じーっと池の中に目を凝らす。

三センチ程度の一匹の小魚が泳いでいる姿が見えた。

(これは珍しい!)

近くに川や池がある訳ではない。

この魚はどうやってここに来たのだろう、と夢中になって目で追い続けていた。

――パチャン。

小さく水が撥ねる音がすると、小魚の数が二匹に増えていた。

まだ仲間がいたのか、と斎藤さんは喜んだ。

そして疑問に思う。

……今、水が撥ねたか？

小さな池であるから、覗き込んでいるときであればその瞬間が目に入るだろうし、水面に波紋も残るはずである。

しかし、そんなことは一切なかった。

――パチャン、ポチャン。

また水が撥ねる音がすると、小魚の数が増えた。

四匹は絡み合うように仲良く泳いでいる。

（うーん……）

斎藤さんは腕を組み、池を見下ろす形で立ち上がる。

魚は可愛いのだが、釈然としない思いのほうが強くなった。

その場で暫し考え込む。

——パチャン。

また水音がした。

しかし、水面は静まり返っている。

念の為にと中を覗くと、やはり魚は五匹に増えていた。

魚の数の変化は、池の奥底に隠れていたものが湖面近くに出てきたということで説明が付く。

ただ、水音の説明が付かない。

魚の数がタイミング良く増える理屈も納得がいかない。

ふーむ、と池を見ながら思い悩む。

——チャパン。

水音に伴い、水面が変化した。

池の端に波紋が起きている。

いや、波紋なんかはどうでもいい——。

池の端に水から上がろうとしている小人がいる。

五センチ程度の小人は、簡易なアイヌ装束を纏っていた。

陸に上がった小人は、テトテトと覚束ない足取りで防風林の奥へ進んでいく。
唖然とした斎藤さんはその姿が消えるまで、見送ることしかできなかった。

漸く我に返った頃、水中の魚が無性に気になった。
しゃがんで覗き込むが魚は一匹もおらず、深かったはずの池は底が見えていた。
次々と続く変化に、斎藤さんは驚きながらも期待をしてしまう。
その後、一時間以上も待ち続けたが、何の変化も起きないままであった。
(まあ、また来ればいい)
そう考え、その場を離れることにした。
場所を覚えておこうと、位置方向を確認しながら歩き始める。
池から五メートルも離れたとき、喪失感に似た感情を突然抱いた。
思わず振り返った先に、池の姿はなくなっていたという。

あれから何度もここを訪れているが、池を見つけ出すことはできない。
斎藤さんは、あれがコロポックルというものだと信じている。

I狩の家

I狩市の某所に古びた住宅がある。

ここは現在も借主を求めている物件なので、詳細な場所は控えておく。

当時浜村さんは女子高生だった。

このI狩の家から百メートル程離れたところに住んでおり、通学ルートとしていつも通っていた。

昭和五十年代に建てられた家は古く、曇りガラスの引き戸の玄関に『貸し家』と手書きで書かれた紙が貼ってあるのを覚えていた。

ある日の朝、通学途中の彼女は曇りガラス越しに白い人影を見る。

(ああ、誰かが住むんだろうな)

早朝ではあるが、物件の内覧に来ているんだろうと思いながら通り過ぎた。

それから数日が経っても、貸し家の張り紙は剥がされない。

古いから決まらなかったんだろうと思うだけで、別段気にすることはなかった。

最初に人影を見てから三カ月程が過ぎた頃、通学途中にまた曇りガラスに白い影を見る。

今度は二人はいるように動いていた。

それでも特に気にすることもなく、高校へと向かった。


その翌日、また玄関に白い影を確認する。

直後、玄関がカラカラッと開かれた。

『すみません』

元気のない、か細い声が中から聞こえた。

思わず立ち止まる。

やけに暗く感じる玄関の中が見えるだけで、そこに人の姿はない。

呼び掛けは誰に対してだったのだろうか？

周囲を見渡しても、自分以外はいないようである。

「私ですか？」

返事をするが、何の返答もない。

ということは家の中にいる誰かに対しての声だったのだろう。

自意識過剰だったか、と恥ずかしくなり、急ぎ足でそこから離れた。

それから一カ月後。
また玄関に人影があった。
貸し家の張り紙はずっと貼られたままになっている。
白い人影が曇りガラスに近付くように大きくなり、玄関の引き戸が開いた。
『すみません』
また消え入りそうな声がする。
前回の反省から通り過ぎようとすると、再度『すみません』と呼び止められる。
やはり付近には自分以外の人はいない。
「あのー、私ですか？」
彼女が返事をすると、暗い玄関の中から左腕が伸び、おいでおいでと手招きしてくる。
何の疑いもなく玄関に近付くと、その腕はスッと中に引っ込んだ。
玄関の中に入ってみるが、誰もいない。
古い下駄箱の上には花瓶があり、枯れた一輪の花が差さっていた。
（えっ？　誰か住んでいるの？）

そう思うと、玄関から伸びる廊下の左側にある部屋から、また腕が伸び手招きしてくる。

「あのー、何でしょうか？　学校にも行かないといけないんで……」

見知らぬ他人の家に上がり込むのは、流石に気が引ける。

逡巡する彼女へ、また声が届けられた。

『すみません。困っているので、助けてほしいんです』

「いや、そうは言っても……。何が困っているんですか？」

声の主は困っているの一点張りで、要領が全く掴めない。

常識と親切心の間で葛藤があったが、彼女の生来の優しさが勝った。

「分かりました、じゃあ、ちょっとだけお邪魔しますね」

脱いだ靴を揃え、手招きされた部屋へ近付いていく。

伸びた腕はスッと引っ込んだ。

「あのー、何が……」

部屋を覗いた彼女の目に飛び込んだもの——。

二十代と思える女性の縊死体だった。

長く伸びた首と力の抜けた身体。

天井に伸びるロープまで確認した瞬間、彼女は飛び退いて腰を抜かした。

「あ……あ……あ」

あまりのことに悲鳴など出やしない。

崩れ落ちた場所からは、部屋の中は死角となり、あの縊死体は見えなかった。

見間違い、と思いたかったが、そんな光景を生まれて一度も見たことがない彼女が、そのような錯覚をするはずもなかった。

(逃げなきゃ、逃げなきゃ、逃げなきゃ)

心はそう叫び続けるが、身体が言うことを聞かない。

『助け……てくだ……さい』

部屋の中から聞こえる声に、彼女の中で何かのスイッチが入った。

そこからの記憶は断片的なものとなる。

……全力で走っていた。必死で家を目指していた。

気が付くと自分の部屋の中で布団に包まっていた。

部屋の入り口で心配そうに見守る母親がいた。

ただ、何を言われていたのかは、はっきりと覚えてはいない。

夜に帰宅した父親は、娘を落ち着かせて彼女との対話の場を設けた。

浜村さんは靴の片方だけを履いて帰宅していた。

当然、足の裏にも傷を負っていた。

娘の話す内容に衝撃を受ける両親であったが、その家に彼女の靴が置き去りになっている可能性もある。

靴を取りに戻ることで事件に巻き込まれるのを両親は危惧した。

そこで警察に通報する前に、一度現地に行ってみようということになった。

しかし、娘はまだ落ち着きを取り戻せてはいない。

父親が一人で件の家の確認に向かった。


暫くして父親が帰ってきた。

I狩の家は何処も施錠されていたと報告される。

空き家である為、覗ける窓などから様子を窺っても、人の気配はなかった。

恐らくここだろうという部屋も窓から覗いたが、何もない空間が広がっていたという。

(何もなかった……?)

いや、浜村さんはあのときに女性の縊死体以外に室内の光景も見ていた。

部屋には生活感があり、よくは分からないが死後の日数もそれほど経っていないように思えた。

(それなのに……?)

両親は「娘は錯覚でも見たのだろう」という結論で落ち着いたようである。

それからの彼女は、通学の際にはI狩の家を完全に視界から外して歩くようになった。

反対側の道路の端を歩き、横を通り過ぎるときは下か右横を見ながら歩く。

そうして半年程が過ぎた。

季節は冬になり、道路は真っ白く染まっている。

いつものようにI狩の家の横を過ぎるときに例の声が聞こえた。

『すみません……』

忘れようとしていたが、身体がビクンと反応する。

(見ないように見ないように)

緊張していた身体は足元を滑らせた。

転んだ彼女の視界の先――。

そこには手招きする伸びた腕があった。

「いやぁあああ!!」

絶叫し、彼女は大声で泣いてしまった。

偶々、通り掛かった人に声を掛けられるまで、我を忘れて号泣していたという。

「本当に卒業までの数カ月は苦痛でしたよ」

その後も呼び止められたことは何度もある。

意図せずとも、伸びた腕が視界に入ってしまったことがある。

それでも何とかやり過ごした。

卒業した彼女は、都市部に就職した。

今のところ、実家に帰るのは避けているそうだ。

T田墓地に眠る魂

I狩市のH川東にT田墓地がある。

その名の通り開拓に尽力した屯田兵もここに眠っている。

現代の墓地とは違い整備されている訳ではなく、林の中に古いお墓から新しいお墓が点在している。

肝試しに訪れる者も多く、数多くの心霊体験が報告されている場所である。


山内さんは友人の太一とともに、肝試しにきた。

霊の存在を信じていない二人は、ここで怖い目にあったという友人達を黙らせるべく、意気揚々と訪れたのである。

駐車スペースに車を駐め、それらしい時間になるまで待機する。

「あいつらが来たのって、二時過ぎって言ってたよな」

「早く来過ぎだろ、俺ら」

煙草を吹かしながら、懐中電灯が点くかどうかを試す。

「あれっ？　点かねぇわ」

仕方がないと、近くのコンビニまで電池を買いに車を走らせる。

「ちゃんと新しいの入れてこいよ」

しかし、太一は新品を入れてきたと言い張る。

「じゃあ……これも霊の仕業……」

そう言った後、二人は爆笑した。


Ｔ田墓地まで戻ると、段々面倒くさくなってきた。

「二時じゃねぇけど行くか」

結局、一時前に二人の肝試しはスタートした。

区画整理されていない墓地の並びは、少し違和感を覚える。

それでも所詮、墓地は墓地。

人は死んだら終わりだし、魂とか霊とか馬鹿らしい。

缶コーヒー片手に、煙草を咥えたスタイルで二人の肝試しは続く。

五分ほど歩いただろうか。

「なぁーんも起きねぇな」

山内さんは完全に飽きているようで、だらしなく欠伸をする。

「馬鹿！　霊を馬鹿にしたら呪われるけど、俺らは馬鹿にしてないからなんも起きねぇんだよ」

またそれで爆笑した。

「しょーがねぇな、じゃあ馬鹿にするタイムの始まりにしますか」

太一は古い小さな石のお墓に片足を乗せて記念撮影をする。

山内さんは張り手を食らわせるポーズで撮影をする。

「やっぱ何も起きねぇじゃん」

飲み切った缶コーヒーの殻をその辺に投げ捨て、煙草の吸い殻は踏み潰した。

更に奥に進むと、墓石が一層雑然としてくる。

太一は、意図せず小さな石の墓に足を引っかけ、倒してしまった。

「あーらら、やっちゃった。君、呪われが決定！」

「僕、呪いが怖いので、ちゃんと直します」

そう言いながら、墓石を前後逆に戻した。

ひとしきり笑っていると、空気の変化に気付いた。

二人を取り囲むようにざわつきというか、小さな話し声が聞こえる。

「おいおい、マジかよ」

緊張の余り、喉が渇き張り付く。

太一は首を振りまくり、周囲を警戒していた。

十分程張りつめた時間が続くと、音と気配が消えた。

「なんだよぉー、俺らにビビった？」

口では強がるが、二人の足は震えていた。

「じゃあ、そろそろ帰るとしますか」

急ぎ足で墓地の中を進む。

突然、太一が何かに躓《つまず》き転んだ。

相当痛かったのか、右膝を抱え込みながら呻いている。

「おい、大丈夫かよ？」

太一が躓いた物を見て、山内さんは青褪めた。

先程、前後逆にした墓石だったのである。

「歩けるか？　じゃあ、早く行くぞ」

右足を引き摺りながら必死に歩く太一。

苦悶に歪んだ顔が、その痛みを表していた。

「よし、もう少しで車だ……」

安堵した瞬間、また太一が転ぶ。

今度は絶叫し、その場でのた打ち回っている。

山内さんの視界に入る墓石。

……間違いなく同じ石が、前後逆向きで倒れていた。

おぶっていこうとするが、膝の痛みが強いのだろう、絶叫しながら酷く抵抗する。

今度こそ太一は歩けそうもない。

『ザッ、ザッザッ……』

瞬間、背後から大勢の人が急ぎ足で近寄ってくる音がした。

山内さんは力ずくで太一を引き摺り車まで急ぐ。

叫び声と無数の足音が山内さんの耳に響き続ける、地獄のような時間だった。

太一を車に押し込み、その場から走り去った。


「家まで送ろうとしたんですけど」

あまりに痛がるので、行き先を救急病院に変えた。

病院で冷静さを取り戻してみると、太一の両膝から下は通常ではあり得ない角度に歪んでいた。

結局、太一は転院し、暫く入院生活を送ることになった。

山内さんはそれから太一と疎遠になっていく。

退院した太一の両足は不自由になり、元の生活には戻れないことが分かったからだ。

転んだ時点で、太一の両足はダメになっていたのかもしれない。

しかし、引き摺ったことで、とどめを刺してしまったのかもしれないという山内さんの中の罪悪感が、二人の間に距離を作った。

「やっぱり、舐めたり馬鹿にしたらダメなんですよ。本当に」

……似たようなことをした二人。

ただ、どうして太一だけが酷いことになったのかは未だに分からないままになっている。

Oタモイ遊園地跡

Oタモイ岬には過去の遺物が残されている。

ここにはかつて人々が賑わうOタモイ遊園地という施設が存在した。

終戦後、龍宮閣という料亭は謎の失火で焼失し、オーナーは失意のままに姿を消す。

龍宮城をイメージしたであろう、神を祀った祠や白蛇弁天洞というトンネルは辛うじて残っているが、徐々に風化の一途を辿る。

この周辺では自殺者も多く、それと相まって心霊体験報告も多く挙げられている。


菅さんはこの周辺をドライブしていた。

何とはなしに看板が示す方向を辿りながらハンドルを握るうち、この場所に降り立った。

「へぇー、こんな場所があるなんてねぇ」

時代を感じる白蛇弁天洞を潜り抜け、情緒を味わう。

途中途中で海を見下ろし、煌《きら》めく波間に癒されていた。

龍宮閣跡地まで到達すると、異質な雰囲気を出す祠を見つける。

入り口上部には簡素な龍宮城をイメージしたようなオブジェが収まり、穴の奥には何かが置かれている。

中を探るように覗き込むと、岩盤を削って作られたのであろう、結構な大きさの空間が見える。

中央壁面には岩質の変化か数本の白い線が見え、それを祀るような台が置かれていた。

(神様を祀ってたんだろうけど、これは酷いな)

崩れた岩盤も散らばり、ゴミも散乱していた。

荒れ果てた現状は、この場に居合わせただけの自分が悪いことをしてきたかのような気分にさせる。

菅さんはそそくさとそこから出て、先にある場所からまた海を見下ろした。

遠くを小さな漁船が走っている。

視線を徐々に岸側に近付けていくと、海の色の変化に気が付いた。

(潮の流れなんだろうなぁ)

海面には、十メートル間隔位で薄い紺色と淡い紺色が交互に存在する。

(これだけ変化があるなら、飛び込んだら助からないんだろうな)

そんなことを考えていたら、肩をポンと叩かれた。

振り向くが誰もいない。

気の所為だったか、とまた海を眺める。

先程の色の変化の辺りを探すが、何処にも見当たらない。

確かこの辺だったよな、と目を凝らしていると、海面にポンポンと点在するように白い花びらが浮かび出た。

(へっ？)

眺める内に花びらの数は増え、三十を超える。

その花は海面で揺れているのか、少し動いているように思える。

(距離があるからよく見えないんだって)

必死に注視すると、身体の毛が粟立つ。

——花だと思い込んでいたのは、人の手だった。

何かを掴もうとする指の動きを花びらと錯覚した。

すぐさまその場から離れようと踵《きびす》を返す。

そして、菅さんは動けなくなる。

海に背を向けた途端、身体中を掴まれた。

その力は思いの外強く、振りほどくことができない。

助けを呼ぼうにも、近くには誰の姿も見えない。
喉も緊張と恐怖で張り付き、ヒューヒューという呼吸音だけが自分の耳に届いた。
何とか助かろうと、心の中で必死に念仏を唱える。
しかし、何の効果もなく、グン、と背後へ引っ張る力が強まった。
(南無阿弥陀仏、南無阿弥陀仏!!)
十分程、抵抗を続けていただろうか。
突然、掴まれていた感触が消える。
菅さんは、その反動で前のめりに崩れ落ちる。
すぐに逃げ出さなきゃとは思うのだが、どうにも腰に力が入らない。
怯えの余り、菅さんは小動物のように周囲を警戒した。
誰もいないが草木の隙間から、こちらを窺うような気配がある。
それは一人や二人のものではない。
丁度、帰り道のほうになる先程の祠の付近が一番濃密な気を発している。
菅さんは周囲を注視しながら、無事家に帰る方法を必死に考えていた。
『パンッ!』
祠から乾いた破裂音が聞こえた。その一瞬で、彼を窺う気配が消えた。

（今しかない）

幸いにして腰にも力が入る。

菅さんはその場から駆け出し、祠の横を通り過ぎる。

その瞬間、祠の中の異変が視界を過ぎった。

みっちりと青白い肉の塊が詰まっている。

一つではない。

所々、不規則に脈動している。

恐らく複数のモノが絡み合っているのだろう。

（ヤバイ、ヤバイ、ヤバイ、ヤバイ）

本能的に危機感を覚えたことで、菅さんの足は加速する。

一気に車まで辿り着き、エンジンを掛けようとキーを回す。

キュン、キュン、キュンキュン……。

セルモーターが調子悪く鳴くばかりで、一向にエンジンは掛からない。

（何でだよ、頼むって！　早く!!）

焦る菅さんの背後から、強烈な気配が襲いかかってきた。思わずバックミラーをチラリと覗く。

そこには先程祠で見た白い塊が映っていた。

反射的に車から飛び出そうとするが、何故かドアが開かない。

ミラー越しに白い塊の様子を窺いながら、必死の抵抗は続く。

そして、菅さんの気持ちを逆なでするように、白い塊は膨れ上がっていき後部座席をほぼ埋め尽くそうとしていた。

(止めてくれ!)

声にならない叫びを上げた瞬間——。

『ブシュ——ッ』

大きく空気が漏れる音が車内を包む。

と同時に、異臭が充満した。

菅さんの身体は、鼻がもげるほどの強烈な腐臭を痛みと認識し、そのまま意識を失った。


目が覚めると、辺りは真っ暗だった。

エンジンは簡単に掛かり、車は動くようになっていた。

後部座席の白い塊の姿は消えていたが、少しだけ和らいだ異臭が車内に充満していた。

全ての窓を開け、菅さんはその場から離れた。

暫くの間、車内には消臭剤を大量に置くはめになった。

異臭が消えるのに一カ月程掛かったが、菅さんは異臭から解放されたことで漸く日常を取り戻せたような気がした。

ただ――それからごく偶にではあるが、あの臭いが鼻の奥に蘇ることがある。

そういうときは、周囲から視線を感じる。

本当の意味での日常を取り戻す方法は分からない。

時間が解決してくれる、そう菅さんは信じている。

T望閣の怪

T望閣という廃墟は、小樽の高台に現存する。

過去に火災で人命が失われたという噂から、心霊スポットとして有名な場所である。


安達さんは深夜零時を回る頃、友人三人と一緒にここを訪れた。

まだ二十代前半。血気盛んな時期である為、度胸試しという名目であった。

「俺の先輩、ここの地下のトイレに閉じ込められたことがあるんだってよ」

「マジか!!　そいつダセェな!!」

車から降りた四人は、意気揚々と建物の中に入っていく。

建物は漆黒の闇に包まれていた。

取り出した懐中電灯の明かりが、ぼんやりと景色を映し出す。

剥き出しになったコンクリートの壁や天井。

ガラスのない窓枠。

結構な量の落書きがあちこちに見られる。

「大したことねぇな、全然怖くねぇじゃん」

安達さんは先頭を切って、ずんずんと進んでいく。

一階部分を一通り回った後、地下へと進路を決めた。

「おい、足元照らせって！　あぶねぇんだって！」

段差には小さな瓦礫が転がっている為、足を取られやすい。

「うぉっ!?」

似つかわしくない裏返った声を聡が上げた。

皆で、気持ち悪い女みたいな声を出すなと大笑いする。

「ちっ、違うんだって！」

聡は足首を誰かに掴まれた、と言い張る。

そんな訳はないだろう、と周囲を懐中電灯で照らすが、怪しいものは一切見つからなかった。

(聡のやつ、俺らをビビらせようとしてるな)

真剣に訴える聡を宥めながら、閉じ込められた人がいるというトイレに辿り着く。

「誰か入っていますかぁ？」

ふざけてドアをノックする。

『……トン、トンッ』

中からドアが叩かれた音がした。

一瞬の静寂の後、皆で顔を見合わせて頷いた。

「誰かいるんだろ、オラァ!!」

勢いよくドアは開かれたが、中には誰もいない。

駐車場に車は一台も駐まっていなかった。

ここT望閣に、徒歩で来るとは考えにくいが、誰かが仕込みで隠れている可能性もある。

「どっかに隠れるとこがあるんだって」

隆志がトイレの中に入って、あちこちを探す。

――ダンッ!!

ドアが勢いよく閉まった。

「ふざけんな！　開けろ！　開けろって!!」

隆志は怒声を上げるが、安達さん達の仕業ではない。

トイレの中と外から開けようとするが、ドアノブはぴくりとも動かない。

「ふざけんな！　畜生！　畜生！」

どれくらいそうしていたのだろう。

わめき立ててはいるものの、これだって隆志の仕込みかもしれない。
だが隆志の狂乱ぶりは迫真に迫り、ふざけているようにも思えない。
何より、隆志を見捨てていく訳にはいかない。歩いてこられる場所ではないのだ。
安達さん達の必死な思いが通じたのか、突然ドアが開いた。
そこには、生気を失った表情の隆志が呆然と立ち尽くしていた。
隆志は何を話し掛けてもぼんやりしていて、要領を得ない。
その後、何とか車まで連れ帰り、猛スピードでその場を後にした。

後日、安達さんの元へ、一通のメールが届いた。
送信元は隆志である。
本文は一切なし。画像だけが添付されていた。
開いてみると、隆志の上半身を隠すように、薄白い巨大な光球が一個映っている。
光球から透けて見える隆志の表情は虚ろだ。
周囲から察するに、T望閣のトイレだと思われる。
あのとき、撮影などした者はいなかった。
這々《ほうほう》の体《てい》で車まで逃げ帰ったのだ。

そして何より気になったのが……。
——隆志と安達さんを除いた残り二人の友人が、その画像に写っていた。
彼ら二人の顔に表情はない。
ただ、画像下部の暗闇から生えるように、その顔だけを浮かび上がらせていた。
安達さんは未だにこのメールを消去できないでいる。
友人達にも、この件は秘密にしたままである。

T浜トンネルの叫

ここT浜トンネルは、過去に起きた大規模な崩落事故で二十名の命が奪われている。

岩盤除去作業時の二回目の発破後、鬼のような怒りの顔が岩盤に浮かび上がったことでも知られている。

その顔はこの地で非業の死を遂げたアイヌ女性の呪いとも、事故犠牲者の怒りの顔だとも言われている。

野呂さんは地元民である為、このトンネルをよく利用している。

崩落事故の犠牲者には知り合いも含まれており、何ともやるせない気持ちになるそうだ。


事故直後、周辺の住民は大きく迂回路を使用せざるを得なかった。

それでも一年も掛からずに、仮復旧トンネルが開通した。

当時、犠牲者に所縁のある人達は走行時、事故現場付近でクラクションを鳴らしていた。

せめてもの哀悼や鎮魂の思いがあったのだろう。

野呂さんも例外ではなく、通過をする際にはクラクションを忘れなかったという。

ある冬の日、朝からカーデッキの調子が悪かった。
あちこち弄っていたが、ポンという音とともに沈黙し一切動かなくなってしまった。
(仕方ない、後で修理に出そう)
その日は気分転換も兼ねて、少しだけ窓を開けて走行していたという。
冬の北海道である。窓から入り込む風は肌寒い。
それでも無音の車内よりはマシであると考えた結果だった。
用事の為、T浜トンネルを通過する。
事故現場付近で、二度クラクションを鳴らした。
『コォ――――ッ』
風切り音とトンネル内の反響音が混じった音に、もう一つの音がする。
『コォーーッ……うぅーー、くぅーーーあぁあああ』
低い叫び声のような。
或いは、苦悶する声のような音。
瞬時に窓を全開にし、お経を唱えながら心の中で叫ぶ。
(大丈夫、もう苦しまないでいいから、天国で休んで!!)
トンネルを出た後、気付くと大量の涙が頬を伝い落ちていた。

その日から野呂さんに新習慣ができた。

トンネルを通過時はクラクションの他に、窓を開けてお経も唱える。

成仏してほしいと心から願うというものだ。

相変わらず、苦しむような声は聞こえていた。

ただ、トンネル内でも、事故現場付近でしかその声は聞こえなかったという。

それから三日が過ぎた頃。いつものようにお経を唱えながら走っていると、壊れてたままのカーデッキの電源が入った。

――ガガガッ……『あり……がと……う』

一拍置いて、普通にラジオが流れ始めた。

野呂さんはトンネルを抜けると路肩に停車して、ひたすら泣き続けた。

これほどまでに涙が出るのかと自分でも驚く程で、感情の高まりは抑えられようがなかった。

「あの優しい声はKさんです。間違いがありません」

その後は事故現場周辺で苦しむような声を聞くことはなくなった。

現在のT浜トンネルは、遺族への配慮からか事故現場を通過することはできない。
遺族が慰霊する際には、海から訪れるのだと話に聞く。

Y蹄山の亡霊

蝦夷富士と呼ばれるY蹄山は、道内では上位クラスの登山コースとなっている。

雄大な景色を堪能できる反面、過去に亡くなられた方も多く、自然の厳しさを窺わせる。


村田さんはアマチュアの登山家である。

会社員でありながら、休みの都合が付く度に、道内を転々として回る。

夏のある日、村田さんはここY蹄山にいた。

既に三十回以上は登っているのだが、飽きることはないらしい。

その日も無事に登頂を終え、十三時を過ぎた頃に下山を始めた。

「こんにちは」

すれ違う人との挨拶も登山の醍醐味である。

時には励ましたり、具合の悪そうな人を助けるのも登山家としては当たり前のことであった。

下山開始から三十分後、しゃがみこんでいる二人を見つけた。

「大丈夫ですか？」と声を掛ける。

二人の中年男性は顔色も悪く、生気を失っている。

（ああ、こりゃあ……）

村田さんが一緒に下山を促すも、首を縦には振らない。

他に仲間がいるのかを訊ねると、小さく首を振る。

さて、どうしたものかと暫し考え込む。

「分かりました、やっぱり下山しましょう。仲間の方には連絡が付くように手筈を取りますから」

二人を両手で抱え、ゆっくりと歩き出す。

暫くすると、二人の男性は村田さんの手から離れ、自ら歩くようになった。

「あ、リスですよ。可愛いですね」

「ここからの景色が、僕は一番好きですね」

幾ら話し掛けても、男達は返事もしない。

その暗い顔は苦痛の時間を続けているだけのように思える。

「もう半分を過ぎてますよ。ここから早いですよ」

村田さんは些細なことでも話し掛け、励ますのを止めなかった。

「こんにちは」

「こんにちは」

村田さんがすれ違う人と挨拶をしても、男達は一言も声を上げない。

「マナーとしては挨拶をするもんなんですよ。頑張って声を出してみましょうよ」

聞き流しているのか、無視をしているのか、一切の反応を示さない。

それでも村田さんの熱意は続き、とうとう登山口まで帰り着いた。

「お疲れさまでした」

やはり男達は何の反応もなく、虚ろな視線は宙を捉えている。

「じゃあ……もう帰りましょう。きっと家族も待っていますよ……」

突然、男達はその場に崩れ落ち、声を上げて泣き出した。

「大丈夫です。下山したんです。もう家に帰れるんです。ね、だから帰りましょう」

村田さんがそう呼び掛けた瞬間、男達はその場から消えた。

「さーて、僕も帰るとするか！」

村田さんは安全運転で家路を目指した。

村田さんの話によると、数年に一度はこのようなことがあるらしい。

まず、何の反応もない時点で怪しい。

が、このときは、すぐに違和感の正体に気付いた。

秋も深まった頃から冬の初めの装備だったから、簡単に気付けたんです——と村田さんは笑う。

酷く熱い夏の日だったのに、あの装備はないと。

彼らが本当に家に帰り着けているのかは分からない。

ただ、厳しい山から解放されたのなら、それだけでいいと思っているそうだ。

K石キャンプ場で待つモノ

道南のY雲町にK石キャンプ場がある。
海が近く温泉施設もあることから、夏場は賑わいを見せている。
そこから十数分も歩くと、吊り橋のある場所に辿り着く。
その周辺では数多くの心霊体験が報告されている。

松村さんは地元民である。
友人達がお盆に伴い帰省するので、キャンプをすることにした。
高校を卒業してから数年ぶりに集まった仲間と大いに盛り上がる。
肉を焼き、酒を飲んでいると既に深夜になっていた。
「そろそろいい時間だから、行くか⁉」
肝試しという松村さんの提案に乗ったのは四名。
他の仲間は一杯やっているから、と断った。

キャンプ場から温泉施設に向かい、五分ほど歩く。

それから温泉施設の横にある獣道のようなところを下っていく。

周囲に街灯はないので、心許ない懐中電灯の明かりだけが頼りになる。

酒が入っている為テンションは高いのだが、暗闇の中を一列に並び歩いている状態である。当然進む速度は遅くなっていた。

「マッ、まだかよ？」

「面白い場所へ行くんだから、我慢しろって！」

程なくして、先頭の松村さんの足が止まった。

懐中電灯の光が吊り橋を映し出している。

「マジかよ、ここに吊り橋なんてあったのかよ」

皆のテンションは一気に上がり、我先にと吊り橋に駆け寄った。

酒の力もあり、揺らすなどの悪ふざけを楽しむ。

「馬鹿、あぶねぇって」

そう言いながらも笑いが絶えない。

皆が満足した頃を見計らい、松村さんが口を開く。

「お前ら、幽霊って見たことないだろ？」

当の松村さん自身も見たことはないのだが、得意そうに話す。

――ここの吊り橋の最後まで行き、橋からは降りないで戻ってくる。

途中で振り返るのは絶対禁止。

橋の中央まで戻ってきたら足を止め、左肩越しに振り返る。

何かが見えるまで、その体勢を維持する、と。

皆は半信半疑のようだったが、反応は悪くない。

「じゃあやるか！」

勢いはあったのだが、いざやるとなると一人ずつでは怖い。

仲良く吊り橋を渡り始めた。

「ところでマツ、何でお前がそんなこと知ってんの？」

「あー、先輩から聞いたの。一〇〇％だってよ」

「マジでぇ!?」

必ず見る、と言われると足取りも重くなる。

とは言うものの、ビビっている姿を仲間に見せたくない。

それと気付かれないよう牽制しつつ、吊り橋の端まで到達した。

踵を返し、中央を目指す。

「ちょ、ちょっとぉー」

背後からケンジの情けない声が聞こえた。

「何だよ、ビビってんのかよ？」

誰も振り返らないで返事をした。

「いや、俺が一番最後だろ。でもよ、誰か付いてきてるんだって」

その言葉に全身が粟立つ。

「んなわけねぇーって。もうすぐ真ん中だから、それまで待ってろって」

強がる言葉が震えた。

中央に辿り着き、皆深呼吸した。

相変わらずケンジは動揺しているようだったが、その確認も間もなくできる。

「じゃあ行くか、せーのッ！」

左肩越しに背後を見る。

「うぁあああああ‼」

一拍置かずに友人達は悲鳴を上げて走り出した。

何が起きたのか分からないが、松村さんもとりあえず後に続こうとする。

――っッッ！

ところが、強い力で両肩を掴まれ動くことができない。

真後ろから、シャツも引っ張られている。

しかし、掴んでいるモノの姿は見えず、松村さんはパニックに陥る。

少し離れた前方では、懐中電灯の明かりが酷く上下しながら遠ざかっていく。

ケンジに持たせたのは失敗だった。

その所為で、松村さんは暗闇に一人取り残されることになったのだ。

松村さんの右頬に息が当たる。

しかし、その顔は見えない。

姿が見えないのに、感触だけは十分に伝わる。

この状況は松村さんの精神を限界まで追い込んだ。


気付けば、酒宴で盛り上がっていた仲間に取り囲まれていた。

松村さんを残し、テントへ戻ったケンジ達から話を聞き、心配で駆けつけたのだという。

もう掴まれている感覚はない。

歩くこともできそうだ。

友人達と一緒に、テントまでゆっくり戻ることにした。

「マツよぉ、あいつら出たって言ってたけど、ほんとに出たのかよ？」

……出たとも言えるし、出たとも言えない。

「で、びっくりして気絶したのか？」

……いや、精神的に追い込まれたというか。

そう反論をしたいのだが、松村さん自身の頭が整理が付かない。

テントまで戻ると、逃げ帰った連中が大騒ぎしていた。

「おぉマツ、やばかったよなあの幽霊!!」

反射的に苛ついて、ケンジの頭を叩いた。

そして、冷静になる。

……幽霊？

どうやら松村さんを除いた四人は、皆揃って女の霊を見たらしい。

真っ白いワンピースを着た髪の長い女性。

最初は無表情だったが、一瞬の間を置いて鬼のような表情に変化した。

そして叫び声を上げながら追い掛けてきたので、怖くなって逃げ出したのだという。

松村さんは女の姿も声も認識できていない。

「はぁ？　お前、何も見てないのに気絶してたのか？」

皆が揃って馬鹿にするように笑う。

「いや、そうじゃなくて、この辺とか掴まれてたし、息を掛けられたりで大変だったんだって」

説明しながらシャツをたくし上げると、笑いが一瞬で静まる。

松村さんの身体には、痣のように変色した手形が幾つも残されていた。

特に両肩の手形は女性の大きさではない。

指先に当たる部分からは血が滲んでおり、相当な握力で掴まれていたと思われた。


結局、朝を迎えるまでの間、決して一人にならないよう、全員固まってテントの外の闇を窺いながら過ごした。

他のキャンプ客が起き始めると、そそくさとテントを回収し、逃げるように立ち去った。

松村さんの身体に残った手形は、一週間ほどで消えた。

「あそこにいたのは一体だけじゃないと思うんだ」

と松村さんは熱く語った。

H川の宙《ソラ》

道南にH川という長閑《のどか》な町がある。
一時期、UFOが現れたという話題で、某国営放送が取材にきたこともある。
町民による目撃情報は実に数多い。

田代さんは農業を営んでいる五十代の独身男性。
ある夏の日、薄暗くなりかけた頃に一日の仕事を終えた。
ふーう、と大きく腰を伸ばし、自然と顔は空を見上げた。
上空には白く発光する二センチ大の球体が浮かんでいる。
（あー、あれがUFOとかいうやつか……）
話には聞いていたが、特に興味などは持ち合わせていない。
仕事道具を手際よく軽トラックに乗せ、家路に就いた。
翌日も仕事を終えると明日の天気が気になり、空を見上げた。

（こりゃあ、一雨くるな）

そのとき、雲に覆われた空から、一体の光が飛び出してきた。

それはグングンとこちらに近付いているように思える。

田代さんの上空で三メートル位の大きさになるまで近付くと、突然静止した。

（これはでかいわ。みんなが騒ぐのも分かるわ）

そう思った瞬間――家で夕食を食べていた。

途中の記憶がすっぽりと抜け落ちているが、田代さんの性格上そんなに気にはならない。

慣れた日常であるから、自然と帰ったのだろうと決め込んだ。


翌日の正午頃、雨足は強くなり始める。

仕事も一区切りも付いたことから、家に帰ることにした。

軽トラックに乗り込み、エンジンを掛けた瞬間、周囲が光に覆われた。

スポットライトなど比にならないほどの強い白光。

どうせまたあのＵＦＯだろうと、車の窓を開けて空を見る。

――思わず息を飲んだ。

車の上空三メートルほどの距離に、全長二十メートル以上の楕円の白い光が浮かんでいるのである。

その中で、緑や赤や青の小さな光が忙しそうに動き回っている。

驚きの余り、暫くそうしていた。

見慣れてくると、次第に頭が冷静になっていくのを感じた。

周囲を照らす光は、依然として強いものである。

その光の中、ＵＦＯを見続けたり、中の小さな光を見つけられるものだろうか？

通常は目が眩んで、何も見えないんじゃなかろうか？

——その瞬間、田代さんは家にいた。

茶の間に座っていたのである。

夢でも見たのだろう、と思うと、家中が白い光に包まれた。

そして、気付けば翌日の朝になっていた。

田代さんはそれからも大きさや形は違えども、数多くのＵＦＯと遭遇している。

最近気になり始めたことは胸部や背中に、横一文字の一センチ大の傷が数多く残されていること。

痛みなどはないが、全て一ミリほど盛り上がっている。

何らかの関係がありそうで、どうにも落ち着かないそうだ。
いったいこれから、自分はどうなってしまうのだろう――。
不安は一向に晴れる見込みがない。

A墓の闇

H館山の麓、外国人墓地に異様に目立つお墓がある。

そこに刻まれた文字を読むと呪われる、というのが通説ではあるのだが、本当の墓を見つけ出すと命を奪われるという噂もある。

ある夏の夜、丑三つ時を迎えた頃、高田さんは友人の亮と健太を引き連れて肝試しに来ていた。

高校時代の先輩がここを訪れ、車が泥の手形でびっちり埋め尽くされていた、という話を聞いたのである。

一度でいいから霊体験をしてみたい三人は、意気揚々とA墓の前に到着した。

早速、刻まれている文字を読めるところだけ、適当に声に出してみる。

「合ってんのかな？」

「どうだろね？」

楽しそうに話す二人を尻目に、亮だけは黙って俯いていた。

「おい、どうした亮？」

声を掛けても無反応。

聞き取れるかどうか分からないくらいの小声で、何かをブツブツ呟き続けている。

やばそうだと判断した二人は、車まで戻ることにした。

歩き始めて少しすると、亮の姿が忽然と消えた。

すぐ隣にいた人間が姿を消すなどあり得ない。

慌てた二人は墓地内を必死で探し続けた。

暫くして見つかった亮は、墓地の奥側で何かに抱き着いていた。

力ずくで引き剥がしたが、それはどうやら小さめの墓石であるように思えた。

周囲の墓石とは異なる、茶色の小さな岩である。

具体的には説明はできないのだが、それを見た瞬間、全身が総毛立ったという。

「あぁー、うぅー」

亮は錯乱しているようで、何ごとか呻き続けている。

二人で亮を何とか押さえ込み、その墓地を後にした。

「家までは送り届けたんだけどね……」

その日の朝方、家の目の前の国道で、亮は車に撥ねられた。
全身を打ち付け、即死状態だったという。
もう一人の友人の健太も同日、消息を絶った。
何処かに行く当ても理由も不明であり、安否は未だに不明のままとなっている。
現在、高田さんだけが無事でいるのだが、その差が何なのかは分からないままである。

ビビリ神社の呪い

Ｈ館市のある農道から左斜め方向に脇道を進むと、Ｓ一位石倉稲荷神社に辿り着く。

別名、ビビリ神社と呼ばれている。

ここは有名な心霊スポットで、大きな岩に触ると呪われる、老婆の霊に追い掛けられる、昔そこで飼われていた犬の霊に襲われる——など様々な心霊体験の伝承がある。

実際に野犬もいるので、現地に赴くつもりなら注意が必要だ。


財津さんはかねてより噂で聞いていたこの場所を訪れる。

本当は友人と来る予定だったのだが、ビビリ神社と聞いた友人は皆尻込みをする。

結局、たった一人で探索をすることとなった。

この付近は人気がない為、静まり返っている。

時折聞こえる野犬の声が、不気味さに拍車を掛けた。

砂利道をある程度進むと、噂の大きな岩に辿り着く。

財津さんは躊躇《ちゅうちょ》するも軽く触れてみた。

噂の通りなら、事故に遭ったり幽霊に取り憑かれるはずである。
だが、幽霊の姿は見えない。
ならばと、尻込みした友人に自慢すべく、岩に触っている写真を自撮りした。
そのまま奥へと進む。
すると突然懐中電灯の明かりが切れた。
完全な闇に包まれ、財津さんは方向感覚が失われる。
動揺する財津さんを取り囲むように、今度は周囲から砂利の音が聞こえてきた。
しかし全方位から近付いた音は一斉に止んだ。
目視では確認できないが、二メートル位先に何かがいるようだ。
闇の向こうから威圧されている。逃さぬ、という圧力に彼は捉えられていた。
走り出したいが、来た道が全く分からない。
かといって、このまま我慢しているのは非常に危険であると思えた。
（一か八か……）
走り出した財津さんだったが、何かに躓き大きくよろめいた。
咄嗟《とっさ》にしがみ付いた先――。
人の感覚があった。

大きく喉が鳴り、呼吸が止まる。
「あのー、どちら様でしょうか？」
自分でも変なことを口走っているのは分かる。
ただ、確認しないでいるほうが恐怖を増幅させる。
当然ながら何の返事もない。
そーっと掴んでいる手を動かす。
間違いなく、人間である。
柔らかさと胸の膨らみから、女性と思われる。
痴漢だ何だと騒がれるほうがマシであるが、一切の反応を示さない。
財津さんの中で、嫌な予感がどんどんと膨らんでいく。
どのタイミングで手を放すべきかを逡巡していると、突然その〈人〉は消えた。
何処かへいなくなったのではない、瞬間的にその場から消え失せたのだ。
掴みどころをなくした手は宙を泳ぐ。
すると、握りしめていた懐中電灯が突然点いた。
これで帰れる、と安堵した瞬間、周囲から再び砂利を蹴り上げ駆け寄る音が聞こえた。
その音は、先程と同じく少し先で収まる。

恐る恐る懐中電灯で様子を窺う。
誰の姿も見えない。
ただいる……間違いなく、見えない何かが彼の周囲を取り囲んでいる。
それだけははっきりと分かる。
――ジャッ。
例の音が、彼の背後から一歩近付いた。
反射的に明かりを向けるが、闇を映し出すだけであった。
――ジャ、ジャッ。
今度は右方向から近付く音がする。
そちらにも明かりを向けると、一気に動き出した。
――ジャ、ザッ、ザザザザッ……。
財津さんの身体を見えない何かが圧迫する。
満員電車よりも窮屈な状態は、本気で彼の身体を押し潰そうとしているように思えた。
呻き声すら満足に上げられない状態で、呼吸もままならず、意識が遠のいていく。
気が付いたときには、彼は大きな岩にもたれかかっていた。

辺りはまだ暗く、朝を迎えてはいないようだった。

何かが吹っ切れたのか、自分でもそれと分かる程に穏やかな気持ちであった。

先程まであったはずの恐怖など微塵も感じない。

全てがどうでもいいとすら思える。

無意識なのか、帰り道をとぼとぼ歩き始めた。

少しして気が付くと、彼の両脇を白く光る犬が付いて回っていた。

それすら何とも思わず、車を駐めておいた場所まで辿り着いた。

車に乗り込み、運転席の窓から外を見ると、二匹の犬はお座りをしていた。

まるで見送りをしているようだな、と思いながらも車を走らせた。


――目が覚めたときには病室のベッドにいた。

走行時の記憶は一切ない。

ただ全身が思うように動かず、計器類が近くで音を立てていることから事故を起こしたのだろうと想像できた。

(まあ、いいか……仕方ない……)

そう思いながら眠りに就いた。

長い入院生活を終え、財津さんは社会復帰する。

ただ、仕事では何かとトラブルが続いた。

全てが人間関係によるものだが、原因は彼の心境の変化にある。

諦観の念とでもいうのだろうか、現実の売り上げや誰がどうしたという話の全てが煩わしい。

当然、取引先からのクレームも相次ぐ。

(全てがくだらない。癒してくれるのはこの子達だけでいい)

そう思いながら、二匹の犬の頭を撫でていた。

……実は入院生活の途中から、彼の周りに二匹の白い犬がいることに気付いていた。

勿論、現実のモノではない。

あの場所で見た犬である。

彼は何故か素直に受け入れ、可愛がるようになっていた。

触れると質感や毛並みが感じられる。

彼岸と此岸《しがん》の狭間で生きているような感覚であったという。

そんな生活が半年も続いたある朝、突然彼の前から犬達の姿が消えた。
犬達を全ての拠り所にしていた彼は仕事を無断で休み、ビビリ神社へ車を走らせる。
あちこちを探し回るが、犬達の姿はない。
大岩にもたれながら一休憩を入れる。
(どうしよう、見つからなかったらどうしよう……)
ある種の強迫観念に囚われていた。
そんな中、周囲からの視線を感じた。
見渡すが、誰の姿も見えない。
(この流れ……また助けに来てくれる)
財津さんはそう思った。
間もなく、期待通りに二匹の犬は彼の前に姿を現す。
と同時に、周りの気配も消えた。
「良かった……。さぁ、一緒に帰ろう」
そう呼び掛けるが、一定の距離を保ったまま、犬達は近付こうともしてこない。
彼のほうから歩み寄ろうと一歩踏み出すと、突然二匹の犬は遠吠えをした。

『ウオオオォーーーン！』

爆音としか表現できない音量。

耳からではなく、頭の中で響き渡る声は酷い頭痛を伴い、思わずその場に蹲った。

一分程でその音は収まる。

顔を上げると犬達の姿は消えていた。

そして急に我に返った。

(何でここにいる？　俺はあの犬に何を期待してたんだ？　それより、早く逃げないと……)

その場から駆け出し、車に飛び乗った。

そして、再び事故を起こす。


財津さんは他の車がいない車線を飛ばしていた。

仕事のことも思い出し、連絡をしないと——と思った瞬間、大きな衝撃とともに車ごと身体が揺れた。

目の前の何もない道路に、トレーラーの後部が蜃気楼のように浮かび上がってきた。

間もなく、運転手が降りてきて、怒りをぶつけてくる。

（身体が痛いな……）

そう思いながら意識を失った。

気が付くとまた病室のベッドである。

前回ほどの怪我ではないが、胸部骨折と打撲で再びの入院が決まった。

そして退院を待たずに、財津さんは職を失う。

無断欠勤、度重なる事故、仕事のトラブルと会社側の理由は十分であった。

現在の財津さんは新しい職を見つけ、生き生きと働いている。

ビビリ神社に近付くことは二度とない、と断言する。

「尻込みして正解なんですよ。あそこは止めておいたほうがいい……」

彼は最後にそう語った。

N重浜海水浴場の記憶

日本の海難事故史上、最悪の結果をもたらした洞爺丸《とうやまる》事故の犠牲者が多く流れ着いた場所として知られるこの海岸は、多くの目撃証言が上がる場所でもある。


ある夏の夜、藤田さんは友人二人とともにドライブに出かけた。

特に当てのないドライブである為、適当に車を走らせていた。

突然、友人のヒロシが花火をやろうと言い出す。

コンビニで適当な花火を買い、花火ができそうな場所を探す。

「この辺なら良さそうじゃね？」

車を駐め、海岸へと降り立つ三人。

ひとしきり花火で盛り上がった。

「で、この後どうするよ？」

「パンツで泳いじゃうか？」

その場のノリでヒロシは夜の海に入っていった。

負けじと二人も服を脱ぎ後に続く。

「やっぱ夜の海は寒いな」

適当にはしゃいだ後、三人は砂浜に戻って煙草を吹かした。

「どーすんのよこれ、身体拭かないと服も着られないぞ」

「全くだ」

パンツ一丁の三人は大笑いする。

そのとき、雲間から月の明かりが差し込んだ。

辺りが青白い光に照らされる。

「んっ？　あれって何よ？」

カツヤが波打ち際に何かを見つけた。

三人はぞろぞろと確認に向かう。

眼前に転がっているのは水死体であった。

既に息絶えていることは、少し離れた場所からでも分かる。

「お、おい、警察！　いや、救急車か？」

動揺する藤田さんに促されるまま、カツヤは脱ぎ捨ててあった服からスマホを取り出した。

「ダメだ、通じない……」

「どうすんのよ、これ」

冷静な判断が付かないでいると、急に風がざわつき始めた。

無意識に周囲を見渡した藤田さんは言葉を失った。

彼らの周囲には十数体の遺体が転がっていた。

ヒロシとカツヤも、藤田さんの反応でそれに気付く。

「な……何よ、どーなってんのよ、これ」

先程、海に入る前にはここを通っていたはずである。

これだけの数の遺体があったとすれば、誰一人気付かないはずがない。

しかし、現実に目の前には存在しているのである。

「と、兎に角だ、通報するんだ。それしかない」

もう一度それぞれがスマホを取り出すが圏外のまま変わらない。

結局、電波の届くところまで車で戻るか、手近の民家を探して通報してもらうしかない。

急いで服を着ていると、藤田さんの視界の隅で何かが動いたような気がした。

反射的にそちらに目を向けると、一番近くの水死体が起き上がろうとしていた。

声にならない悲鳴を上げ、そのままへたり込んでしまった。

気付くとヒロシとカツヤも同様に腰を抜かしている。

水死体は藤田さんの元へにじり寄ってくる。

伸ばされた手が藤田さんの腿に触れようとしたとき、水死体はその姿を消した。

周囲を見渡しても何処にも死体はない。

三人は言葉を発することもできず、首を振り合うことでしか意志の疎通ができなかった。

後日、自分達がいた場所が海難事故の犠牲者が流れ着いた場所だと知った。

彼らは揃って花束を買い、そっと海に流した。

Hイド穴の境風

Hイド穴は、道南のH館に通じる国道の脇にひっそりと現存する遺跡である。

かつて松前藩と旧幕府軍が交戦した際、老人や婦女子がここに隠れやり過ごしたという謂われが残っている。

ちなみに『Hイド』とは、通常は意地汚いという意味で使われる。


古舘さんはここの前を何度も通っていた。

遺跡が存在しているのは知っていたが、わざわざ車を停め確認するほどのものではないと思っていた。

ある夏の日、突然気になって仕方がなくなった。

結構な洞窟のように思えて、探検することにしたのだ。

道路脇に車を駐め、少しの傾斜を下る。

目の前にはHイド穴があった。

脇に備えられた立て看板では、謂われなども記されていた。

さて、問題のHイド穴は――と覗き込むと、奥行きが全くない。
謂われにあるような人が隠れるようなスペースが全然足りないのである。
肩透かしを食らった古舘さんは酷くがっかりした。
そのまま帰るのも癪《しゃく》なので、穴に入り込み自撮りを試みる。
――ゴォーーッ！
突然背後から強風が吹いてきた。
振り返ると、行き止まりになっていたはずの壁が消え、真っ暗な闇が広がっている。
思わずスマホの明かりを点け、ふらふらと奥へと這い進んだ。
かれこれ十メートルも進んだだろうか。
振り返り入り口を確認すると、酷く小さな明かりが見える位になっていた。
想像よりも遥かに奥へ入り込んでいたようだ。
流石にスマホの明かりだけでは心許ない。
一度立て直そうと入り口へ進路を変更する。
『ううう……ぉおおおぉ……おぉぉぉ』
複数人の呻き声のようなものが聞こえた。
微かにだが、女子供の啜《すす》り泣きの声も交じっているように感じる。

思わず唾を飲み込み、喉が鳴った。

何も聞こえていない体《てい》で、静かに入り口を目指す。

『うおおおおああああぁぁあああぁぁぁ!!』

すると、古舘さんを呼び止めるように、声のボリュームは上がった。

息も絶え絶えに外に出ると、先程まで聞こえていた声はピタリと止んだ。

Hイド穴も訪れたときのように、奥行きが見える小さな穴に変わっていた。

(何だったんだよ、一体)

酷く動揺し、その場を動けない。

だが、何事もなかったかのように在るHイド穴を見ている内に、自分が幻聴や錯覚を見たような気がしてきた。

「バーカ、バーカ!!」

Hイド穴に向かって、子供のような悪態を吐いたその瞬間――。

『あああぁあぁああああああ!!』

古舘さんの背後から、鼓膜が破れるかと思える程の声が聞こえた。

そしてそのまま気を失った。

どれほどの時間が過ぎたのか分からないが、意識を取り戻した古舘さんは逃げるようにその場を後にした。


そんなこともあったので、あまり近付きたい場所ではない。

しかし普通に生活をしていれば、どうしてもこの国道を通過せざるを得ないことが多々あった。

気にしないように努めるが、視界の隅に遺跡は入り込む。

「俺は何も見えてない。遺跡なんか見えてない」

古舘さんは自分にそう言い聞かせ、日々事なきを得ている。

蔵を守る老婆

道南のE差町は古くは北前船とニシンで栄えた町である。
旧中村家、横山家が有名ではあるが、実は古くからの財産が残されている家が他にもあるようだ。

木口さんは大工である。
数年前に親父から代を引き継ぎ、小さな会社を経営している。
「おぉ、誠、今日は小林さんのとこに行ってくれ。さっき電話があってな」
朝に父親から声を掛けられた。
小林さんの家は木口家にとってはお得意様である。
住宅の新築や母屋の敷地にある蔵のメンテナンスは、ずっと親父が担当していた。
九時過ぎに小林宅を訪れる。
要望の襖の建て付けや床鳴りを修繕する。
一休みということで、お茶を頂きながら世間話をしていた。

「そうそう、また棟梁《とうりょう》に蔵のほうをお願いしたいんだけど」

小林さんの言う棟梁とは父親のことである。

「何か不具合があるんですか？　親父じゃなくても、ちょっと俺が見ますよ」

その言葉に小林さんは少し困った表情を浮かべ愛想笑いをする。

確かにこれまでは、蔵の修理は親父が一人で請け負ってきた。

ただ、今では親父に引けを取るとは思わない。

半ば強引に鍵を受け取り、蔵の前に立った。

その蔵には古い立派な錠前が施されている。

ガチャンという重厚な音とともに、鍵は外れた。

「で、何処に不具合があるんですか？」

一歩蔵の中に入り、辺りを窺う。

小林さんは蔵の外におり、中を見ようともしない。

「多分、奥のほうの棚が壊れていると思うんです」

小さな明かり取り窓だけが採光場所である為、蔵の中は薄暗い。

どれどれと奥に進むと棚が壊れ、古い木箱や行李《こうり》が足下に転がっていた。

「あー、ありました！　確かに壊れてますね」

木口さんは物を避け、寸法を測りメモを取る。

突然、背後に人の気配がした。

振り向くと和装の老婆が立っている。

『出ていけ!!』

物凄い剣幕で怒鳴られた。

謝りながら蔵の外へ出る木口さん。

待ち構えていたように、小林さんはすぐさま扉を閉じ、錠前を掛ける。

「いや、あのお婆さん……」

「じゃあ、工事の日程が決まったら連絡ください」

「だから、中のお婆さん……」

「誰もいませんよ。何を言ってるんですか?」

強い口調の小林さんに、それ以上は何も言うことができなかった。

会社に戻っても、先程のお婆さんが気になって仕方がない。

(いつの間にか中に入ってきたのか? それなら、小林さんが気付くだろう。いや、最初から中にいたとか? いやいや、それなら閉じ込められてたってことだろ)

答えの出ない堂々巡りの考えに、苛つきを覚える。

仕事が終わり、父親との晩酌の時間となった。

「今日も問題なかったか？」

「ああ」

ビールを一気飲みし、逡巡した後、父親に訊ねた。

「小林さんのとこの蔵なんだけどさ……」

父親はグラスを置き、真剣な表情になる。

「まさか、入ったのか？」

黙って頷くと、父親は考え込む。

「そうだよなぁ、ちゃんと伝えないと、今後もあるしなぁ」

父親は、あの老婆が小林家の曾祖母であることを話した。

「なかなか気難しい人なんだよ」

「え……それって？　小林さんの曾祖母って……小林さん、そんな歳じゃないだろ」

「だから、そういうことなんだって」

父親の言葉に察しが付く。

確かに怒鳴られたときも、声というより、頭の中に直接響いたように感じた。

そして小林さんの対応にも合点がいく。

「まあ、棚が壊れてたってな。寸法は採ったんだろうから、材木の準備をしないとな」

翌日、父親が久しぶりに会社にやってきた。

ヒノキアスナロを発注し、溶剤も手配する。

「兎に角まぁ、色々とうるさい人なんだって」

父親は、そう笑いながら段取りの説明を始めた。

そして数日後に注文した材木が届くと、今度は面取りから溶剤加工までを手取り足取り教えてくれた。

木口さんにしてみると、久々に新人の頃に戻ったような気持ちになった。


前回の訪問から約一カ月後、木口さんは父親とともに小林邸を訪れた。

「あー、棟梁も来てくれたんだね」

小林さんは嬉しそうに笑う。

「まあ、いつものようにきっちりと仕事しますから」

鍵を預かり、父親は蔵を開けた。

「失礼します」

現役の頃を思わせる声で、中に入っていく。

「じゃあ、作業させてもらいますから。宜しくお願いしますよ」

誰もいない空間に向かって声を上げる。

父親の指示の下、作業に邪魔になりそうな物を養生した場所に避けていく。

「丁寧に扱え。後、順番を間違えるな。元通りにするんだぞ」

厳しい表情で指示を飛ばす父親に、木口さんは圧倒される。

昔も口うるさいところはあったが、ここまで真剣なのは初めて見た。

一つ一つの指示に大きく返事をしながら、助手として必死に作業に当たる。

「よーし、物を戻すぞ」

ずっしりと重い行李や木箱には、沢山の物が詰め込まれているのだろう。

汗を掻きながら、全ての作業を終えた。

「どーも、これで作業が終わりましたので、失礼しますよ」

父親が声を掛けると、目の前に老婆が現れた。

どうやら修理した棚のほうを見ているようだ。

『お疲れさま。では、早く出ていってください』

また頭の中に声が響く。

「失礼しました」

蔵の中へ向かって頭を下げる父親。

木口さんも倣って頭を下げた。

老婆を残したまま、蔵の門は閉ざされ、鍵は掛けられた。

そして、小林さんに作業を終えたことを報告し、現場を後にした。


その日の晩酌時、木口さんは父親に思っていたことを訊ねる。

「親父は霊が怖くないのか？　それにあの作業で良かったのか？」と。

「生きてる人も死んでる人も、怒らせなきゃ怖くないだろ」

そう父親は笑う。

作業の結果については、不味かったら怒鳴られると教えてくれた。

コツは同じ物を使って、同じに見えるように仕上げることだという。

「あの行李の中身は何なんだろうね？」

「分からんがお宝なんだろう。毎回、早く出ていけって言うんだから、相当のもんだろ」

「そういえばさぁ、小林さんはどうして棚が壊れているのが分かったんだろう？　中に入らないのに」

「そりゃあ、毎晩枕元に立つからさ。直るまでな」

あの家に嫁ぐ者は大変だろう、と父親は豪快に笑った。

M前城に残る怒り

観光地として知られるM前城は、花見のシーズンには大勢の人で賑わう。

その一方、藩主の蛮行が発端となり家臣が殺された井戸や、アイヌ人の耳を削ぎ落として埋めた耳塚などが残る闇の深い場所でもある。


桑田さんは過去に数度、M前城を訪れたことがある。

いつもは時間の余裕がなく、城内をメインに観光していた。

初夏の頃、一度周辺も含めて徹底的に観光しようと、開園時間からM前城に行った。

展示物などもゆっくりと見直す。

造りの細部などまで目を凝らし、改めて城の魅力に取り憑かれていた。

一通り城の観光を終え、周辺を散策することにした。

心地よい風と日差しが桑田さんの心を癒してくれていた。

ふと裏手まで足を運ぶと、空気が変わったような気がした。

日差しの加減で実際に薄暗く感じられたのだろうが、視界に入る一本の樹に目が留まる。

周囲を木で囲い、杭には〈耳塚〉と記されていた。

全身にぞくりと悪寒が走る。

立て看板も近くにあり謂われが記されているのだろうが、それを読み取る余裕などない。

すぐにこの場を離れるべきだと本能が教えていた。

踵を返し、数歩進んだところで酷い眩暈《めまい》に襲われた。

桑田さんはその場に崩れるようにしゃがみこんだ。

声とは違う、頭の中に響く感情が桑田さんの脳内を支配していく。

『ゆる……さない、ゆるさ……ない、ころし……てやる』

その感情に反応するように、桑田さんは謝罪の言葉を繰り返していた。

負の感情は増幅される一方で、感情は声に変換されて頭の中で反響しているかのようになっていった。

意識はどんどん薄れていく。

（もうダメだ……）

そう思った瞬間、少し楽になったような気がした。

早くこの場から離れようと一歩踏み出した桑田さんの眼前に、生首が浮かんでいた。

豊富な毛量の髭を蓄え、大きな目は見開かれている。

頬に伝う血は、耳からの出血であると想像できた。

『許さん‼』

言葉を発したのだろうか。

衝撃波のような風を受け、桑田さんは尻餅を突く。

そしてそのまま意識を失った。

気が付くと辺りの薄暗さは一層増しているように思えた。

咄嗟に耳塚に向かって謝罪の言葉を残し、その場から立ち去った。

帰りの車中、右頬を熱いものが伝わる感覚があった。

何げなしに手で拭うと、赤い色が見える。

すぐさま車を停め、ルームミラーで状態を確認する。

右耳から流れ続ける血は、桑田さんの衣服まで汚していた。

車内に置いてあったティッシュで血を拭き取り、出血場所を確認する。

状況的に右耳付け根の上部からの出血であったはずだが、拭き取ると傷口などは見当たらない。

勿論、痛みなども一切感じなかった。

念の為に病院へ駆け込むべきかと逡巡するが、どうしても耳塚のことが頭を過ぎる。

全てを気の所為、見間違いで済ませたい桑田さんは、そのまま自宅へと帰ることにした。


それから二日間は何事もなく過ぎた。

三日目の朝、目が覚めると枕が血まみれになっていた。

今度は左耳からの出血だったようで、耳の周辺や髪が赤く染まっていた。

シャワーで洗い流し、状態の確認をするがやはり異常は見当たらない。

あちこちを触ってみるが、痛みなども残っていない。

(俺が一体、何したってんだよ……)

気持ちは酷く落ち込んだ。

その日を境に、たびたび耳からの出血を経験するようになる。

痛みを伴わないので、頬に熱いものを感じて気付くか、職場の人や取引先に指摘されることが多かった。

最初は心配されていたが、頻度が増すと距離を置かれるようになっていく。

上司からも医療機関で診察を受けるように勧められた。

原因が耳塚にあることは想像に難くない。

ただ、対処の方法が分からない。

再度訪れて謝罪で事が済めば問題ないが、悪化する可能性もあった。

桑田さんはそれが恐ろしく思え、何とかやり過ごすことを望んでいた。

関わりたくないという思いと裏腹に、ある程度のことを把握しておきたくなった桑田さんは、耳塚のことを調べ上げる。

そこでシャクシャインの戦いのことを知った。

謀殺され、磔《はりつけ》にされた歴史があったこと。

首謀者扱いされた仲間の耳まで削ぎ落とされたこと。

その無念さを考えると、自然と涙が零れた。

……あのとき、耳塚で見た生首はシャクシャインのものだったのだろうか。

確認する術はないが、何となくそうだと思ったという。

その日から不思議と耳からの出血がピタリと止んだ。

仕事にも支障がなくなり、元の生活を取り戻した――ように思えた。

半年程が過ぎたある日の朝、桑田さんは激痛で飛び起きた。

咄嗟に手が反応し、右耳を押さえていた。

熱を伴った痛みに嫌な予感が走る。

したたり落ちる血の量も、これまでとは比べ物にならない。

真っすぐ洗面所に走り、鏡を覗き込んだ。

右耳の上部付け根が少しだけ裂けており、そこから血が溢れ出していた。

慌ててタオルで押さえつけて止血しながら、病院へと駆け込んだ。

処置を受け、右耳はガーゼで覆われた。

定時から遅れ出社すると、上司に部署移動の話を持ち掛けられた。

営業から倉庫整理への移動である。

このような状況では仕事に支障を来《きた》す。

取引先にも何かの病気ということで不信感を抱かせかねない。

会社側の言い分はもっともであった。

桑田さんとしては自分の状況を話したい気持ちもあったが、当然理解されるはずもない。

渋々、黙って提案を受け入れた。

早速、翌日から倉庫整理の担当となった。

通常ならば引き継ぎや書類整理などの業務が残っているのだが、それすらさせてもらえないのだ。
会社側から腫れもの扱いをされていたことを痛感する。
倉庫整理は実に暇な仕事であった。
先の担当もいることから人手は十分に足りている。
慣れないフォークリフトの運転をする以外は、時間を持て余した。
そんな業務の最中、やはり耳が切れることが増えていった。
右耳だけの日もあれば、両耳の日もある。
その都度病院へ駆け込む訳にもいかず、自ら応急処置をしてやり過ごす日々が続いた。
今度会社に問題扱いされたら首になる。
桑田さんは精神的に追い詰められていった。

部署移動から三カ月程が過ぎたが、状況は変わらなかった。
何度も切れた耳上部の付け根は、五ミリほどの切れ目ができていた。
一見すると何でもないが、耳を引っ張ってみるとよく分かる。
いつか耳を失うのではないか。
そんな漠然とした不安を常に抱えるようになっていた。

そんな矢先に事故が起きる。

フォークリフトで荷物を整理していた際、積み上げた箱が崩れ落ちてきた。

桑田さんはフォークリフトとともに、在庫品の下敷きになった。

意識を失い、右耳は半分千切れた状態で病院へ搬送された。


「あのときは、ミスった訳じゃないんですよ」

フォークリフトで荷物を積み上げたとき、急に視界に生首が入った。

忘れもしないあのアイヌ人の顔が、にぃーっと口角を上げた。

その瞬間、荷物は崩れ落ち、意識は薄れていった。

『ま……だ……まだ……』

そう聞こえたような気がするが記憶は曖昧である。

結局、その事故で桑田さんは一カ月の入院生活を余儀なくされた。

労災扱いされ費用などは問題なかったが、退院して程なく馘《くび》を言い渡された。

現在は再就職も儘《まま》ならず、バイトを掛け持ちして生計を立てている。

「それからの変化と言ったら、生首の数が増えたことですかね」

時間や場所を問わず、生首は現れる。

その数は三つに増えていた。

現れた直後には何もなくても、耳が切られている。

その所為で幾つもバイトを変えた。

両耳には絶えずガーゼが当てがわれる状態になった。

「もういっそのこと、耳塚の前でこの耳を切り落として、投げつけてやろうかとも思っているんですよ」

桑田さんの苦悩は今も続いている。

あとがき

如何でしたでしょうか？

本書に収載されたお話は、知名度の高い場所のものを多めにセレクトしたつもりです。

北海道の怪談を身近に感じて頂ければと思います。


また、この体験談はあくまで一部の方のものです。

同じ場所であっても、全く違う体験をした人が数多くいます。

怪異の答えは一つではない、ということを御理解ください。

機会があれば、別の体験をされた方の話も書き記したいと思っております。


さて今回の執筆に当たり、私にとって相性の悪いお話にも手を付けることになりました。

当然のように不幸は訪れます。

仕事上のトラブルなどは可愛いもので、死が絡んでくると精神的にも肉体的にも追い込まれるものです。

実際、追い込みの最中は地獄のような毎日でした。
怪談として語り継がれるものには、ある種の力があります。
幾ら敬意を払おうとも代償は付きものです。
そういった面についても、読者の皆様にも御注意頂きたいと思っております。

最後になりますが、この本を買って下さった皆様に心からの感謝の意を。
出版に当たり御尽力頂いた関係者の皆様にお礼を。
雄大な自然と怪異を生み出した北海道という大地に改めて敬意を。

平成三十年　蝦月吉日

服部義史

恐怖実話 北怪道

2018年10月5日　初版第1刷発行
2020年5月25日　初版第3刷発行

著　服部義史

装丁　橋元浩明（sowhat.Inc）
発行人　後藤明信
発行所　株式会社　竹書房
〒102-0072　東京都千代田区飯田橋2-7-3
電話 03-3264-1576（代表）
電話 03-3234-6208（編集）
http://www.takeshobo.co.jp
印刷所　中央精版印刷株式会社

定価はカバーに表示しています。
落丁・乱丁本は当社までお問い合わせ下さい。

ISBN978-4-8019-1616-6 C0176